AF474349

MISCELLANÉES.

MISCELLANÉES

POLITIQUES,

PHILOSOPHIQUES ET LITTÉRAIRES,

POUR FAIRE SUITE

A L'ESSAI SUR LA CONSTITUTION DE 1848;

Par

M. De TARDY, Ancien Fonctionnaire.

AVRIL 1851.

TOME III.

NANTES,
IMPRIMERIE GUÉRAUD, RUE BASSE-DU-CHATEAU, 6.

1851.

MISCELLANÉES

POLITIQUES,

PHILOSOPHIQUES ET LITTÉRAIRES.

CHAPITRE IV.

Sommaire. — Des partis, et des vrais et des faux principes.

Personne ne rougit aujourd'hui d'être ou de se dire d'un parti quelconque, si méchant qu'il soit. Il y en a même beaucoup qui s'en vantent, sans se rendre bien compte du rôle de dupe ou de bateleur qu'ils y jouent quelquefois, sans s'en douter! C'est ce qui produit cette immense cacophonie que nous remarquons partout, dans les relations et le langage de la société actuelle. Les esprits les plus sages s'y aheurtent à chaque pas, et l'on ne vit jamais tant de discordances qu'au milieu de tant de progrès prétendus. La plus petite fraction de parti prend la forme dogmatique, et pousse l'opiniâtreté jusqu'au fanatisme indomptable, tout ainsi que chez les Grecs du Bas-Empire. Où ce mal s'arrêtera-t-il? Je ne pense pas que nous soyons au bout du chemin. Je crois, au contraire, que nous en reculerons les bornes jusqu'aux limites extrêmes où nous trouverons la perte de tous indistinctement.

Tant qu'il y a eu des partis nombreux, disciplinés, suivant un même drapeau avec un même mot d'ordre, ils ont pu se flatter de se défendre contre celui de l'anarchie et de venir à bout de lui faire un moment la loi. Mais, à présent que leur ancienne force de cohésion et d'expansion va se fractionnant à l'infini, leur impuissance sera bientôt complète. Le parti de la destruction universelle ne saurait manquer d'y faire une grande trouée, et aussitôt après de les submerger aisément dans la grande invasion diluviale dont il les menace déjà avec une rare impunité. Quel est l'instrument principal, incessant, de cette effrayante décadence? Évidemment, la presse. La presse, vomissant partout la discorde et l'incendie, qui la dévorent elle-même dans ses propres flancs. La presse, qui fait de tous les lettrés demi-savants autant de prétendants à la domination, autant d'ennemis acharnés contre tout pouvoir qui ne peut les employer, autant d'ambitieux insatiables dont l'outrecuidance égale la nullité intrinsèque. C'est à la presse, secondée par l'esprit qu'elle a introduit dans les écoles, que nous devons cette multitude de faiseurs téméraires, sans conscience ni croyances, qui ne craignent pas d'ébranler en furieux le vieil édifice social, œuvre irremplaçable de la sagesse, de l'expérience et des travaux de l'humanité entière. On ne l'attaque, il est vrai, que par l'absurde, que par cette intarissable séquence de systèmes véritablement insensés que chaque jour voit éclore, pour tomber aussitôt dans le mépris de leur injustice et de leur impossibilité inhérentes. Toutefois, avec la faculté de pouvoir les renouveler sans cesse, on est parvenu à acclimater dans la société toutes les confusions du scepticisme moral et politique, et, par suite, une grande stérilité même dans les progrès matériels dont nous nous vantons. Au bout du compte, nous verrons quels en seront les résultats effectifs. Ces progrès pourront bien se traduire en dangers et en misères de plus.

J'ai signalé, dans mes précédents écrits, les innombrables crimes de la presse des partis. Depuis lors, ce torrent de boue pestilentielle est loin d'avoir décrû, ce me semble. C'est bien en vain que ses éclusiers, quels qu'ils soient, me contesteront cette vérité. Ce sont des faits aussi clairs que la lumière du soleil. Je n'y ai rien chargé, il s'en faut; leur seule énumération raisonnée remplirait d'effrayants volumes. Pour le démontrer invinciblement, je ne demanderais qu'une épreuve bien simple : trouvez-moi un homme éclairé, honnête, et, s'il est possible, dégagé de toutes les infatuations morales et politiques qui dévastent présentement la plupart des intelligences, faites-le entrer et séjourner dans un cabinet de lecture, abondamment pourvu de tous les excréments littéraires qui s'y sont accumulés depuis 25 ans, et que le public dévore avec délices, comme des fruits de bon goût, avec une vogue immense ; qu'il y parcoure avec attention les journaux, les pamphlets, les diatribes, les libelles, avec leurs images dites illustrées, s'il n'est pas fou, corrompu, ou tout au moins hébété des plus criants scandales, en sortant de ce bouge infect, il faut, à coup sûr, qu'il ait le cœur droit et le cerveau bien robuste. Et cet exécrable amas de mensonges, de calomnies, de dénigrements et d'hypocrisie, on osé l'appeler des lumières, de l'esprit et des traités de pur patriotisme et de philosophie !

J'ai indiqué aussi la seule digue à opposer à cet effroyable débordement. J'ai prouvé, de reste, que tout ce qu'on avait législaté et législaterait encore, ne ferait qu'accroître sa virulence et même sa puissance, au lieu de l'arrêter, tant qu'il serait à la discrétion des partis. Je soutiens, plus que jamais, qu'il n'y a plus d'autre ressource contre un si terrible instrument, que d'en déférer le monopole exclusif dans les mains de l'État, pour le salut de tous. Telle est ma conviction, plus j'y songe. On m'a répondu que l'application de mon remède était trop forte pour les débiles mains des pouvoirs qui nous régissent depuis 35 ans. Oh! je le savais bien; car ils ne comprennent même pas les plus grandes causes de leur faiblesse : je n'en persiste pas moins dans ma thèse, possible ou non pour le présent. Elle aura un jour son exécution ; car tenez pour certain que l'absurde empire de la presse périra, soit par les nécessités de la maxime « *Salus populi suprema lex esto*, » soit sous le despotisme expéditif de l'anarchie elle-même, qui le supporterait encore moins. Qui ne voit que la dictature révolutionnaire renversera du premier coup, ainsi qu'elle l'a toujours fait, la liberté de la presse, avec une facilité inconnue aux pouvoirs réguliers, quelle que soit leur forme? Qui ne sent que ce faux principe n'est un obstacle et un danger que pour l'ordre? Peut-être est-il nécessaire que nous repassions par cette phase, pour apprendre enfin la nécessité de rentrer sous les ailes de la monarchie tempérée, seul régime qui puisse ramener la France à un état digne d'elle. Vainement les politiques chercheront ailleurs des expédients, par toutes sortes d'expérimentations dont les détestables produits ne nous ont pas encore corrigés. Mais patience! le temps est un grand maître, et le châtiment une impérieuse leçon!

On me dit que si les partis honnêtes sont fractionnés

par la presse, le parti du désordre ne l'est pas moins par le même engin. Oh! pour cela, c'est vrai. Il est certain que les coryphées de ce parti sont loin de s'entendre dans leurs voies et moyens présents et leurs vues ultérieures. Rien ne saurait être plus confus ni plus abominable que leurs plans divergents. Mais est-ce qu'on prétend nous donner ce chaos-ci comme un contre-poids compensateur de l'autre dans les futurs contingents qui nous menacent? Est-ce que l'on croit à ces deux abîmes une raison d'être suffisante pour nous rassurer contre les dangers imminents d'une destruction totale? Il est bien vrai, il est indubitable que si les brigands des utopies subversives parviennent à faire de la société un cadavre, ils s'en disputeront aussitôt entre eux les membres palpitants, comme des meutes de loups affamés de curée. Mais ils s'entendront toujours pour mettre à mort la proie, comme on le voit, en effet, si ouvertement dans leur course acharnée. Il n'est pas moins certain qu'ils s'entre-dévoreront incontinent après, n'ayant plus d'autre butin qu'eux-mêmes. C'est encore ce que nous avons vu sous le joug sanglant de la Montagne et de la Gironde de 93, qu'un fou sans pudeur n'a pas rougi de poétiser de sa coupable faconde. Mais, alors, sera-t-il temps de courir aux pompes contre l'incendie, aux digues contre le déluge, au médecin contre la mort victorieuse? Que restera-t-il aux tristes héritiers d'un monde anéanti? Rien que les épaisses ténèbres d'une barbarie infernale; rien que les arides déserts de Babylone, de Palmyre et de Ninive, jadis si enchantés. Nous ne concevons pas notre chute possible jusqu'à ce vaste néant; mais ces peuples, et cent autres plus ou moins oubliés, ne le concurent pas mieux que nous, la veille même de leur ruine, et lorsqu'ils étaient au zénith de leur opulence. Témoin le festin de Balthasar et le sort de la Pentapole. L'histoire la mieux attestée par les monuments n'est donc guère qu'un roman peu instructif pour les hommes ; et, sans la religion du vrai Dieu et ses principes, ils n'auraient aucun guide efficace et certain. Heureux les peuples exempts des partis, et qui suivent tranquillement avec amour et respect les sages lois de leurs pères ! Heureux ceux qui n'ont pas la vanité de poursuivre un progrès infini, au moins fort équivoque ; car, après tout, ceux que nous voyons ne font qu'augmenter à la fois la somme de nos misères avec celle de nos besoins, de nos jouissances et de nos désirs encore plus grands, qui irritent nos appétits devenant à la fin impossibles à contenter. Aussi, n'a-t-on jamais vu tant de suicides en tous les rangs.

Que tous ceux qui ont le sens logique du présent, et dont la vue perspective de l'avenir n'est pas trop bornée, daignent donc y réfléchir sérieusement, en faisant abstraction des opinions dominantes. Qu'ils songent qu'ils sont devant une vaste organisation qui menace de bouleverser toutes les nations civilisées. Les partis soi-disant conservateurs se dissolvent en se fractionnant. Qu'ils le fassent fatalement ou par des rivalités imprudentes, peu importe, cela tend au même résultat. Pour peu qu'ils avancent encore dans cette aveugle voie, s'ils ne se hâtent, au contraire, de se compacter, ils ne tarderont pas à tomber dans toutes les infirmités de la décrépitude et du discrédit. Ils verront leurs propres soutiens actuels passer au découragement, au doute en toutes choses, au lâche reniement d'eux-mêmes, et jusqu'à l'apostasie. En un mot, ils arriveront à une atrophie si complète, qu'ils seront incapables non-seulement d'aucune entreprise de salut, mais encore de toute résistance au mal, qu'ils suivront en queue, tête baissée, comme un vil troupeau. Quelques-uns se flatteront d'y échapper par de honteuses palinodies, comme il s'en voit tant déjà qui croient prendre d'habiles précautions ; mais ils n'éviteront pas leur sort. Il est rare que de tels changements de front réussissent. C'est encore ce que j'ai vu et reverrai à foison, je m'y attends bien, pour les *délices* de mon âge mûr.

Le parti avoué de la démolition, au contraire, ne se dissout point en laissant multiplier les divisions dans ses diverses sectes. Bien loin de là, il s'y recrute numériquement. En prenant tour à tour tous les tons et toutes les couleurs, il en sert à ses néophytes pour tous les goûts et tous les caractères. C'est là un de ses puissants moyens d'embauchage. Si quelques-uns de ses sycophantes vont trop loin, si, avant le temps venu pour l'attaque, ils effraient la portion de la multitude non gangrenée encore, d'autres plus hypocrites y apportent certains tempéraments qui ne manquent guère leur effet sur un peuple qui a perdu l'intelligence et l'amour des vrais intérêts de sa nationalité. Car nous en sommes là, plus qu'on ne saurait croire. Or, toutes ces sectes ne se piquent d'aucune solidarité entre elles ; ce que ne pourront pas décliner les partis honnêtes ; ils y seront bien obligés, bon gré, mal gré, quand ils seront vaincus. Il en résulte que ces sectes peuvent se fractionner à l'infini, au moins sans désavantage, du moment qu'elles tendent toutes au même but, qu'elles sont parfaitement d'accord sur le point capital, celui de la destruction. On peut être bien assuré qu'au signal donné du tocsin général, elles seront toutes à leur poste, en ligne de bataille, avec l'ardente émulation du partage des dépouilles. Croit-on qu'alors les partis honnêtes, déjà si moralement énervés, seront en disposition de soutenir un pareil assaut ? J'en doute chaque jour davantage, en les voyant tourner le dos à l'unique solution qui pourrait opérer entre eux une conciliation juste et mutuellement honorable.

Jusque-là donc, il n'y a aucun danger pour les sectes spoliatrices à se transformer sans cesse. Ce n'est qu'après leur triomphe complet que tous les maux retomberont infailliblement sur elles à leur tour. Mais ce n'est pas là ce qui les arrêtera, tant est grande leur propre imprudence ! Quelques-uns, pourtant, le pressentent bien déjà avec effroi, quand ils examinent la fougue et la férocité des éléments qu'ils emploient. Mais que peut ce présage pour arrêter ou modérer le vaste mouvement qu'ils ont imprimé aux plus grossiers appétits d'une multitude en délire ? Elle sera infiniment misérable après, cela n'est encore point douteux, quoi qu'on lui dise. Après lui avoir enlevé ses plus saintes croyances et tant qu'on ne les lui aura pas rendues, un mardi-gras révolutionnaire la tentera toujours, ne durât-il qu'une semaine. Après ce nouveau déluge universel, nous restera-t-il les matériaux de reconstruction d'une société nouvelle ? J'en doute encore. Toutes les bases morales sont sapées encore plus que les matérielles. A cet égard, l'aveuglement est presque général ; et, je le dis ici à regret et avec douleur, en fait de moralité, surtout dans certaines villes, les classes inférieures valent mieux que les supérieures, à beaucoup de nobles exceptions près.

Il est donc vrai que l'oubli des principes les plus sûrs,

la substitution des plus faux et des plus dangereux ne feront de la révolution française qu'un sanglant remue-ménage perpétuel. C'est la figure en grand du travail imaginé par Pénélope pour tromper ses trop passionnés amants : faire, défaire et refaire, voilà tout ce que nous opérons depuis 60 ans, sans nous arrêter à rien ; toujours mécontents de nos propres œuvres, toujours prompts à les briser nous-mêmes, parce qu'en effet nous en produisons beaucoup de détestables et que nous ne savons que gâter les bonnes. C'est que nous avons perdu le guide de la foi, et avec elle tous les fondements de l'autorité humaine, sans lesquels il n'est point de société durable. Voyez ce qu'ont produit ces nouveaux systèmes dits constitutionnels et représentatifs que nous avons eu la folie d'agréer des mains de la punique Angleterre, sans les contre-poids qu'elle y possède chez elle et que nous avions détruits chez nous. Cela nous a mal réussi. Peu contents de notre plate copie d'outre-Manche, voilà que nous nous sommes mis à passer l'Atlantique pour singer un peuple né d'hier, nous vieille et glorieuse nation de quinze siècles ! Plus mécontents encore de ce dernier essai, je ne sais plus où nous irons chercher nos modèles, après avoir brisé ceux fort supérieurs que la sanction du temps avait enracinés chez nous. Je crains que nous ne remontions jusqu'aux Iroquois, et alors nous aurons tout ce qu'il faut pour être encore plus barbares qu'eux. En perdant nos vertus monarchiques, nous n'avons conservé que notre antique inconstance gauloise ; aujourd'hui elle est extrême. Vainement nous nous ruinons à chaque changement ; nous torturons notre vie dans les passions de l'envie, de l'orgueil et de la violence ; cet infernal supplice ne nous corrige point. Il semble qu'il soit devenu notre élément pour toujours; une année, un mois de calme ou de trève suffit pour nous faire oublier nos fautes et nos maux; puis nous recommençons dans les mêmes errements, en les variant seulement un peu. C'est dans ce décevant labyrinthe sans issue que nous épuisons nos forces, après avoir rompu le seul fil conducteur. A coup sûr, nous n'en sortirons pas en suivant les guides qui nous y ont égarés tant de fois, quelle que soit leur capacité. Je sais bien qu'ils en ont; mais c'est un peu trop celle de l'intrigue, et l'on s'en plaint de divers côtés.

En ce moment, partis honnêtes si périlleusement mal unis, hâtez-vous de vous compacter sous le drapeau des vrais principes, avec une même volonté et une grande énergie; il faut tout cela pour nous sauver; et alors vous pourrez vous confier au suffrage de la France. Votre union assurera votre appel. Prenez-y garde, vous allez être acculés en 1852 comme le fut la couronne en 1830 et 1848. La plus redoutable échéance approche. Tout le monde sent l'excessive urgence des grandes mesures qu'il y aurait à prendre avant ce terme fatal, qui va probablement décider de nos destinées. Serez-vous assez d'accord pour les formuler nettement? Comprenez-vous que vous ne pouvez aboutir à rien sans sortir, au moins par quelque point, de cet absurde cercle prétendu légal où la honteuse surprise de Février vous a enfermés? Songez-vous que vous avez affaire à un ennemi qui viole et brise du premier coup toutes les lois qui l'arrêtent, et qu'en un moment il en libelle à sa convenance de toutes contraires? C'est là sa grande supériorité. Mais, hélas! votre majorité se compose de toutes pièces; elle est devenue flottante, incertaine et, qui pis est, rebelle en partie sur la vraie solution du salut commun. Vous comptez dans vos rangs des métis, des demi-révolutionnaires encore mal dégrisés, des égoïstes de parti qui ne rêvent que l'impossible retour de leur monopole usurpé pendant 18 ans. Tous ces imprudents semblent ignorer qu'ils sont sous le feu d'une minorité brise-raison, ardente, sans frein, obéie au dehors par des masses organisées sur la plus vaste échelle, dont l'audace va souvent jusqu'au blasphème contre Dieu et la civilisation : audace sans exemple, audace avec laquelle vous avez trop compté d'égal à égal, dont vous avez trop souffert, et qui n'est arrivée que par vos faiblesses à ses proportions actuelles; je ne cesse de vous le crier du fond de ma retraite depuis trois ans. Faites donc à présent des lois de salut dans un pareil milieu, sans le dominer ou en sortir au plus tôt n'importe à quel prix!

Vous allez, je le crains, vous morfondre dans les débats des questions à l'ordre du jour; et cela ne suffit point, il y aurait autre chose à faire. Vous avez à réviser une Constitution pleine d'inepties et de contre-sens; et les lois organiques sur la terrible anarchie qui bouillonne dans les flancs du suffrage universel, et sur la garde nationale, et sur le département, les cantons, les communes, etc. Ce sont bien là des choses graves. Mais, hélas! dans les termes où vous êtes, je reconnais qu'il n'y a rien au monde de plus difficile à parfaire et bien exécuter. Les uns vous les gâteront par des amendements populaciers; les autres, par des additions ou restrictions qui attesteront leur ignorance du fond des choses et peut-être leurs mauvais desseins. Et puis, en quelles mains seront-elles placées? La Montagne les battra aussitôt en ruine par ses clameurs ordinaires, et au besoin par des insurrections en cent endroits. Vos lois édictées en de telles conditions, tomberont à l'état de lettre morte. Heureux si elles vous servent au moins une fois ! Tout est transitoire dans le rapide tourbillon qui nous emporte ! Tout ce frêle édifice croulera au souffle de la première tempête. N'espérons donc pas en voir sortir aucune loi parfaite ; mais seulement des expédients au jour le jour, tant que nous voguerons ainsi loin du courant des principes qui seuls pourraient nous ramener au port. Là il n'y aurait aucun sacrifice d'intérêt, aucune humiliation pour personne ni pour aucun parti, excepté peut-être celui qui veut dévorer tous les autres ! Encore celui-ci n'y risque rien qu'un trop juste désappointement, et je soutiens qu'il y trouverait lui-même son salut : car l'exécution de ses affreux projets n'est pas aussi facile qu'il paraît se l'imaginer ; et s'il y arrivait, il serait bien voisin de sa propre destruction. Étrange situation ! d'une part, on sent qu'il est impossible d'en sortir légalement, et de l'autre, on manque d'union, de force et de courage pour l'entreprendre par un coup d'autorité.

Eh quoi ! nous avons laissé renverser, par une poignée de misérables, l'imposante unité monarchique à laquelle nous devions notre nationalité politique et territoriale, et quinze siècles de gloire. Cette unité n'avait été si féconde que parce qu'un même bonnet la coiffait, et que tout s'y concevait et s'exécutait dans un esprit de longue perpétuité. Nous avons mis à la place, d'abord, l'usurpation agitée et corrompue, qui nous a bientôt tous dégoûtés ; puis un souverain, ou, pour mieux dire, une hydre à 750 têtes divergentes au point de s'entre-déchirer, dont un grand tiers, au moins, ne hurle que destruction et spoliation, et pas une n'est capable de porter un diadème avec ses conditions. A tout propos, 200 furieux, plus ou moins mal élevés, sans pudeur et sans science pratique, digne produit inévitable du suffrage universel, escaladent alternativement la tribune ; et là, devant l'Europe qui les méprise, bien qu'ils la tiennent en échec, ils insultent, ils sapent impunément toutes les bases de l'autorité divine et humaine : ils en sont quittes pour quelques rappels à l'ordre, dont ils se moquent au point de s'en faire un honneur. Ils osent prendre, avec le plus infâme cynisme, le titre de Jacobins, de Montagnards, de Socialistes, etc. Ils poussent la démence jusqu'à déifier les monstres de 93, les plus abominables scélérats de l'histoire, les plus vils fléaux de l'humanité assurément, depuis les Catilina et les Néron. Ils s'en disent les continuateurs, les héritiers légitimes (notez ce mot-ci), soutenus en secret par la punique politique de l'Angleterre, qui opprime le monde. Ils ont sur tous les points de l'Europe centrale une vaste organisation que l'on n'ose dissoudre de haute autorité. Ils ont authentiquement leurs quartiers généraux à Londres, à Genève, à Turin, à Lyon, à Paris. Ils lancent des manifestes incendiaires sur tout le continent. Ils font des souscriptions publiques ; ils contractent des emprunts, comme une puissance reconnue. Libres, pour leurs attaques, dans le choix du temps et des points vulnérables, ils terrifient les gens de bien, ils corrompent partout les esprits et les cœurs. Ils soulèvent à leur gré les parties basses de la société, sans danger pour eux, parce qu'ils se gardent bien de payer de leur personne ailleurs que dans leurs conciliabules et leurs orgies ; et quand leurs victimes abusées sont refoulées dans des torrents de sang, ils s'esquivent un moment, puis ils reviennent comme d'innocents moutons, se disant blancs comme neige. Bien plus, ils ont le front de rejeter leurs crimes et leurs tristes conséquences sur le pouvoir ; puis ils retournent tranquillement reprendre leur place au timon même de l'État, où l'abrutissement d'une partie de la nation les a élevés, toujours prêts à recommencer ! Voilà les éléments que la faiblesse et l'incurie des gouvernants ont laissés déborder partout. Voilà les nouveaux maîtres qui osent nous menacer de leur prochaine domination exterminatrice, et qu'il serait si facile de réduire à la raison, si, à leur exemple, tous les partis honnêtes s'entendaient enfin à leur opposer terreur contre terreur, tactique contre tactique, armes égales enfin. Ils ne bougeraient bientôt plus. Notez que ces austères Catons, qui ne veulent pas que les gouvernements interviennent en se portant secours entre eux, interviennent eux partout ouvertement, en soulevant les peuples contre ces gouvernements. Qu'était-ce que l'expulsion du Pape, soufflée par l'hérétique et intolérante Angleterre, autre chose qu'une véritable intervention de 25 mille flibustiers étrangers ? De là leurs fureurs contre l'expédition de Rome. Acceptez donc des mains de tels adversaires, et de leurs dignes alliés les Anglais, de prétendus principes qu'ils inventent pour vous enlacer seuls, et qu'ils violent sans pudeur quand ils ne leur conviennent plus ! Est-ce que l'Angleterre sur le globe entier et les révolutionnaires en France ont respecté un seul principe ? J'aurais ici le même raisonnement à appliquer à la Constitution babélique qui nous étrangle pour le moment ; mais je l'ai déjà fait ailleurs.

Voilà donc les nouvelles idées et les étranges formes

de république perfectionnée telles qu'elles se sont manifestées à Rome et à Paris ! Meurtre, incendie, jacquerie, pillage en grand ! Point d'autre but, et on ne le dissimule pas ! Quand une pareille guerre est si positivement déclarée à la société, je crois que garder la simple défensive est une attitude bien dangereuse, qui ne saurait manquer de faire entamer la position. La soi-disant république actuelle nous mène droit à une autre encore plus bouleversée, encore plus sanglante, encore plus ignoble que celle de 93. Car il ne s'agit plus de substitutions de pouvoir blanc, bleu ou rouge ; il s'agit de l'abolition de tout pouvoir et de toute délégation. Il s'agit du gouvernement du peuple par lui-même, chacun en sa localité : ce qui est bien le dernier terme du chaos, de l'impossible et de l'absurde fureur de destruction. Tels sont les derniers manifestes de Londres, de Genève, répétés dans tous les échos de Lyon, Paris et leurs succursales. Un sophiste éhonté, la pirouette Girardin, l'apôtre de tous les extrêmes, après les avoir tous à peu près parcourus, devait tomber aussi dans celui-ci. C'est le dernier des vingt ou trente systèmes subversifs auquel est arrivée son orgueilleuse verve en délire ; renchérissant encore sur ses maîtres, qu'il combattait naguère, et qui pour cela ne l'estiment ni ne s'y fient, avec grande raison. Ils savent sa versatilité, et qu'il a peut-être encore moins de conscience qu'eux. C'est en vain que pour leur plaire il a enfin rendu sa feuille illisible pour tout homme de sens, en la remplissant chaque matin du plus dégoûtant fatras de folles utopies et de perfides dénigrements. C'est à indigner tout le monde. Sans doute, un tel milieu ne se maintiendrait pas huit jours. Ce ne serait qu'un vaste coupe-gorge, où nulle place ne serait tenable ; mais on peut y arriver par les stupides discords des partis conservateurs, assez insensés pour ne pas se rallier devant de pareils ennemis. Alors nous serons l'objet du mépris du monde et non de sa pitié. Nous aurons comblé de joie nos anciens rivaux.

Ce tableau est hideux sans doute ; mais que les endormeurs et les endormis ne viennent pas me dire que je le charge. D'horribles traits nouveaux se reproduisent chaque jour sur notre funeste toile ; sans parler de ceux qui se trament en dessous, que nous sommes loin de connaître tous. Ce sera bien merveille si des germes déjà si développés, avec si peu d'obstacles, n'enfantent pas des monstres plus nombreux et plus dégoûtants encore que leurs exécrables aînés. Encore un coup, vous essaierez en vain de faire des lois sages et efficaces dans un milieu si dépravé ; et, en tout cas, vous ne parviendriez pas à les faire exécuter. La première, la plus urgente chose à faire, serait l'union de tous les partis honnêtes, également menacés, sous la bannière haute et ferme des principes et de leur solution. C'est la seule voie de salut. Autrement, vous n'arrêterez pas cet ignoble courant révolutionnaire, ni son déshonorant caractère actuel, tant qu'il sera permis à des fanfarons de crimes et de désordres imaginés jusqu'à l'extrême de se vanter du titre de Montagnards, Jacobins, Rouges, Socialistes et Prédicants de jacquerie universelle. Vous ne rétablirez ni la sécurité ni la confiance nécessaires aux producteurs comme aux consommateurs. Tant que les anarchistes seront tolérés, ils vous diront, avec raison, que l'avenir est à eux ; et les populations intimidées finiront par le croire. L'extirpation complète de cet inouï scandale est donc une question de vie ou de mort.

Pour moi, je le confesse, si mon destin me portait à cette Assemblée soi-disant souveraine, ce que je suis loin d'envier, il me serait impossible de supporter inertement tant d'effronterie paradant dans son propre sein, tout exigües que sont mes facultés. A chaque audace subversive, je ne pourrais m'empêcher de courir à la tribune, pour y sonner la charge et le tocsin d'alarme contre les incendiaires. Il me semble que l'indignation multiplierait mes forces ; et, quand ce sentiment est juste, il est bien rare qu'il ne produise pas quelque effet sur les natures engourdies, habituées à tout souffrir, ce qui gâte encore les méchants. Durant ma laborieuse carrière, j'ai vu bien de nobles combattants obtenir le succès par ce beau mouvement, que je souhaiterais plus souvent à nos représentants conservateurs. Mais il faudrait aussi une grande ténacité, une grande fermeté dans les nécessités du présent, et ne pas trop montrer la peur de l'avenir. C'est-à-dire, qu'il n'en faut craindre ni les dangers ni les travaux. Je ne nie pas qu'il y en ait beaucoup ; mais je nie qu'ils soient insurmontables. Par nos divisions, nos irrésolutions et nos faiblesses, l'anarchie a obtenu, en 1830 et 1848, deux triomphes qui ont fait au monde moral surtout un mal affreux, qui sera long à guérir. C'est ce qui l'a rendue si vaine, et encore plus audacieuse aujourd'hui. Il faut la déshabituer de la facilité, que dis-je ? de la possibilité de pareils coups de main ; elle les pousserait au dernier excès, si elle réussissait une troisième fois. N'allons pas croire qu'elle soit devenue invincible. Elle n'a de chances et de force que dans nos sottes divisions. Malgré cela, nous l'avons vaincue deux fois de haute lutte en deux ans. Ah ! si nous avions su profiter de la victoire, de tels ennemis ne reviendraient pas au combat de longtemps, et la plupart auraient déjà déserté cet affreux drapeau. Ne l'oublions pas au premier choc qui nous menace ; « *Labor improbus omnia vincit.* »

J'ai encore d'autres observations essentielles à faire sur ce triste sujet. J'entends dire tous les jours : « *Le parti catholique, le parti de la légitimité, le parti de l'ordre, le parti de la religion, de la famille et de la propriété*, etc. » Je l'entends avec pitié, et quelquefois avec une impatience extrême. J'avoue que ces locutions absurdes m'écorchent les oreilles et me font mal à l'estomac. C'est absolument comme qui dirait : « *Le parti de Dieu, le parti de l'éternité, le parti de la lumière du soleil, le parti des lois et principes immuables qui régissent le monde.* » Vit-on jamais une si sotte logomachie ? Cependant on en fait communément une assimilation si complète avec les partis éphémères, avec les partis inventés par les malheureux mortels, tous contestables et fragiles au plus haut degré, et même avec les plus atroces partis de la démagogie, qu'il faut être français et révolutionnaire de métier, pour n'en pas sentir à l'instant l'incroyable étrangeté. Comment de soi-disant défenseurs des vérités éternelles ont-ils pu accepter, que dis-je ? se donner eux-mêmes vaniteusement ces qualifications incohérentes. Que les aveugles nient la lumière, que les sourds nient l'harmonie, cela s'explique aisément ; mais ils ne persuaderont jamais leurs négations aux voyants et aux entendants, mieux organisés. Ainsi, après tous nos orgueilleux progrès dans les deux domaines de l'esprit et de la matière, nos sceptiques réformateurs en sont venus à nous ravaler à l'absurde niveau des nègres d'Éthiopie. Ils outragent de même les plus éclatantes vérités, les plus éprouvés bienfaits de la foi et de la sagesse humaine. A entendre les éclectiques de l'école actuelle, les Cousin, les Jules Simon, les Saisset, les Quinet, les Michelet, les Jacques et *tutti quanti*, la religion chrétienne, sa divine morale sans pareille au monde, ses sublimes docteurs et martyrs auraient fait leur temps, ou du moins *n'auraient plus que pour deux ou trois cents ans dans le ventre!* (sic). Un nouveau Dieu, le rationalisme, c'est-à-dire, la raison *des libres penseurs*, dont j'ai démontré ailleurs la fragile et fugitive existence, comme une faculté des plus périssables; c'est-à-dire, l'homme et son orgueil pour dernier terme remplacerait le Dieu du ciel et de la terre! Comme cette prétendue philosophie a de l'ampleur! Combien elle nous promet de bonheur, de grandeur et d'immortalité! Ils y aspirent pourtant, tous ces Trissotins qui se croient d'illustres savants, parce qu'ils ont appris et outrent ce que les écoles païennes et les vieilles hérésies ont imaginé avant eux; parce que leurs pédantesques enseignements, si mal à propos salariés par l'État, sont applaudis par une foule ignorante et factieuse, et, qui pis est, parce que d'aveugles pouvoirs leur ont accordé le privilége d'empoisonner l'âme et le cœur d'une malheureuse jeunesse encore trop loin de la maturité pour sentir le venin, quoique bien peu caché. Il faut que j'oppose ici à tous ces gens-là deux citations, bien qu'elles soient dans la mémoire de tous les hommes de goût. D'abord, la plus belle strophe de notre langue :

« Le Nil a vu sur ses rivages
Le noir habitant des déserts
Insulter par ses cris sauvages
L'astre éclatant de l'univers.

Cris impuissants ! fureurs bizarres !
Tandis que ces monstres barbares
Poussent d'insolentes clameurs,
Le Dieu, poursuivant sa carrière,
Verse des torrents de lumière
Sur ses obscurs blasphémateurs. »

Et maintenant, une très-vraie, très-piquante tirade du plus grand des poëtes comiques, qui est loin d'avoir vieilli ; car elle est aujourd'hui susceptible de beaucoup plus nombreuses applications que de son temps, et non moins frappantes.

« Il semble à trois gredins, dans leur petit cerveau,
Que, pour être imprimés et reliés en veau,
Les voilà dans l'État d'importantes personnes ;
Qu'avec leur plume ils font le destin des couronnes ;
Qu'au moindre petit bruit de leurs productions,
Ils doivent voir chez eux voler les pensions ;
Que sur eux l'univers a la vue attachée ;
Que partout de leur nom la gloire est épanchée,
Et qu'en science ils sont des miracles fameux,
Pour savoir ce qu'ont dit les autres avant eux,
Pour avoir eu trente ans des yeux et des oreilles,
Pour avoir employé neuf ou dix mille veilles
A se bien barbouiller de grec et de latin,
A se farcir l'esprit d'un ténébreux butin
De tous les vieux fatras qui traînent dans les livres :
Gens qui de leur savoir paraissent toujours ivres ;
Riches, pour tout mérite, en babil importun ;
Inhabiles à tout, vides de sens commun,
Et pleins d'un ridicule et d'une impertinence
A décrier partout l'esprit et la science. »

(Molière, *Femmes savantes.*)

Les pédants et les intrigants, qui ont enfin établi sur nous l'empire de leur fatuité, voudraient bien nous faire croire que nos pères n'ont été que des simples. La question est de savoir si nous l'emportons sur eux en bon goût sûr et fin, en droiture, en bon sens et en théories usuelles. Je crois qu'en l'examinant à fond, elle ne serait pas résolue à notre avantage. Et je vois parfaitement pourquoi les novateurs traitent de réactionnaires les esprits supérieurs qui ne voient de salut que dans le retour à nos anciennes traditions les plus sages. C'est la même querelle que celle des romantiques contre les classiques : encore l'école romantique n'est barbare que pour l'oreille et l'esprit ; au lieu que l'école politique qui nous en est venue à la suite, est de plus une affaire de spoliation matérielle et de renversement moral. Le programme en est tellement affiché, qu'il n'y a pas à s'y méprendre.

Revenons aux distinctions du mot et de l'idée de parti. Autrefois, on a pu très-bien dire : *le parti bourguignon, le parti d'Armagnac*, *le parti de la Ligue*, *le parti de la Fronde*, et, de nos jours, *le parti de l'usurpation orléaniste*, *le parti bonapartiste*, et autres beaucoup moins nobles ou plus obscurs. Oui, ce furent et ce sont bien là de véritables partis, parce qu'ils ne représentent pas du tout le plus grand intérêt général, parce qu'ils ne portent point avec eux le *criterium* des principes de toute société bien réglée, et que loin de là ils en sont ouvertement la violation. S'ils avaient la prétention de l'équité, ils ne soutiendraient pas une heure d'examen devant la logique des faits et de leurs conséquences. Ceux qui ont réussi pour un certain temps, ne prouvent absolument rien. Ces rares exceptions confirment la règle ; d'autant mieux qu'elles ont toujours coûté cher à la morale, à la paix et aux plus importants intérêts des nations. Bien plus, nous voyons fréquemment dans l'histoire, jusqu'à ces derniers jours, que ce trop coupable égoïsme n'a guère manqué de subir lui-même la juste peine de ses propres violations.

Ainsi donc il est démontré que le mot parti et l'idée qu'il renferme ne signifie pas autre chose qu'un intérêt de personne ou de famille voulant usurper, de cabale ou de coterie plus ou moins populaire. Il est loisible d'en être ou n'être point, selon l'affection ou l'intelligence qu'on en a. Mais il n'est point permis, sans une punissable témérité, de traiter de même des principes éternels qui sont les premiers fondements de tous les biens de ce monde et de l'autre. Il n'est point permis, sans commettre un crime au premier chef, de les saper ainsi sans pudeur et sans frein devant la multitude, qui n'en sent pas toujours le prix divin. Nous pouvons bien les oublier, les abandonner même un moment en courant aux abîmes; mais ils nous survivront sans aucun doute comme des rocs inébranlables. Après notre destruction, les nouveaux fondateurs qui viendront après nous réparer nos folies, ne manqueront point de se rattacher à ce seul terrain solide. Autrement, ils ne bâtiraient que sur des sables mouvants que le vent emporte dans le désert. Numa, Solon, Clovis et tous les grands fondateurs n'eurent rien de plus pressé que de sceller sur la religion et ses principes la première pierre de leur édifice. Nos orgueilleux savants ne comprennent plus une si haute sagesse; ils la traitent de superstition. Et faut-il vous dire pourquoi, sans détour? Parce que ces pygmées se croient des géants, et qu'ils en sont venus au point de méconnaître tout autre Dieu qu'eux-mêmes. Voyez plutôt les récentes congratulations réciproques de Victor Hugo et Michelet!

Asinus asinum fricat. Arcades ambo. Léchez-vous donc les uns les autres, chers et précieux bipèdes à direction verticale; montez sur vos échasses pour paraître plus grands aux yeux des sots qui vous gâtent. Et, ce qui est encore plus ridicule, gonflez-vous comme des vessies pleines de vent; faites de la réclame impudente et jongleuse, pour le débit de votre dangereux orviétan. Mais souffrez que les honnêtes gens vous sifflent, en attendant le fouet que vous méritez si bien et que vous recevrez en ce monde ou dans l'autre, selon la crise que vos œuvres nous ont préparée. Car c'est vous qui avez osé dire les premiers : « *Le laid, c'est le beau!* » Et vous n'avez plus agi ni parlé qu'en conséquence de ce faux principe corrupteur, renversant à la fois le goût et la raison.

Si la religion, la famille, la propriété héréditaire, la loi éternelle du tien et du mien, c'est-à-dire, la science de Dieu, de sa justice, de sa puissance et de sa bonté, la grande vue de l'immortalité de l'âme, les devoirs qui en découlent nécessairement sur la terre; si toutes ces vérités fondamentales des sociétés, qui sont en même temps la principale raison d'être de l'humanité, n'étaient que des partis, qu'on m'explique donc pourquoi la conscience de tous les peuples, riches ou pauvres, y reste invinciblement enchaînée, malgré les plus grands écarts qui les perdent quelquefois. A leur origine, ils ne peuvent rien faire que sur ces bases; et ceux qui se relèvent de leur chute par cet oubli, sont toujours forcés d'y revenir. Nous l'avons éprouvé nous-mêmes à la fin du Directoire. Pour moi, si l'on pouvait me convaincre du néant de ces principes, j'en conclurais, comme les Panthéistes, qu'il n'y en a point ni dans le ciel ni sur la terre; que la nature est aveugle, fortuite et sans maître ; et que tout s'y fait fatalement ou bien par un travail inexplicable : car les raisons qu'ils s'efforcent d'y trouver n'effleurent seulement pas la vraisemblance. Alors on anéantirait aussi mon âme, et je m'en irais vivre parmi les bêtes, qui n'ont pas nos méchancetés. Je profiterais de la supériorité de mon intelligence sur elles pour me garer de l'abus de leurs forces physiques : avantage dont je ne pourrais plus me flatter au milieu de mes semblables, du moment qu'ils auraient perdu la règle et le frein des saintes croyances.

Mais non, non ; grâces à Dieu, ces principes ne sont point une chimère, comme le vulgaire des *libres penseurs* se disant esprits forts voudraient nous le faire accroire, sans pouvoir s'en convaincre eux-mêmes dans leur for intérieur, je les en défie. La nécessité de ces principes est aussi impérieuse que leur évidence ; on ne s'expliquerait pas l'acharnement des démolisseurs, si on ne connaissait pas leur orgueil et leur soif des jouissances matérielles à tout prix. Voulez-vous une preuve de la mauvaise foi de ces hiérophantes ? Ce sont bien eux sans contredit qui nous ont amené les théories subversives, après avoir longtemps dépravé la morale et le goût par d'infâmes écrits et de honteuses apostasies. Ce sont eux qui encensent encore la plus criminelle propagande, avec les plus mauvais jongleurs du Socialisme et de la Montagne. Pourtant on les dit riches pour la plupart et très-voluptueux. Ils dépensent énormement pour eux, rien pour le peuple ; à moins que ce ne soit pour le suborner. Il est avéré que toute leur générosité consiste à faire des promesses qu'ils savent eux-mêmes irréalisables. Bien entendu qu'ils ne s'y exécuteront nullement de leur bourse, mais de celle des autres à discrétion. De cette façon, on n'a jamais vu de donateurs aussi prodigues. Je passe les autres procédés dont ils se sont déjà servis pour imposer des sacrifices et des pertes aux classes qu'ils envient. Si les conséquences de leurs théories étaient tirées généralement à la rigueur, tous ces Sybarites seraient bien surpris : qu'ils ne se flattent pas d'y échapper seuls à la faveur de leur vogue passagère; car moi tout le premier avec des milliers de justiciers jaloux irions les soumettre au niveau commun. Dieu! qu'il ferait beau les voir clôturés dans des ateliers *de travail attrayant et obligatoire*, commandés au sifflet et à la baguette par des maîtres dont ils ne se doutent pas encore ! Certes, ce sont eux qui y feraient la plus sotte figure et qui s'accommoderaient le moins de la loi agraire, de la spoliation universelle, de l'égalité absolue, et par suite de la famine et des travaux-forcés que le communisme implique nécessairement de sa nature. Je voudrais bien les voir parqués dans des phalanstères pendant au moins dix ans, pour tout châtiment de leurs ruineuses folies. Ce serait peut-être le seul moyen de les ramener à la probité et au bon sens.

Eh bien! vous voyez donc par là qu'ils n'ont pas moins de foi que nous dans la force virtuelle des principes éternels qu'ils attaquent, et qu'il faut même que cette foi soit en eux bien robuste : car au fond de l'âme ils seraient bien fâchés de réussir; ils auraient trop à y perdre. Ces contradictions très-apparentes ne sont donc que des grimaces populacières. En voici l'explication : Par des gains de flibusterie littéraire ou politique, ils ont assouvi leur amour de l'or : *auri sacra fames*, et les jouissances qu'il procure aux âmes énervées. Maintenant ils ont une autre soif encore plus ardente, c'est celle des ovations, et surtout du pouvoir que quelques-uns d'eux ont avili en y touchant : *fames imperii.* Mais comme, après l'usage qu'ils en ont fait, ils ont dû perdre l'espoir de s'y rétablir par le suffrage des classes dont ils ont ruiné en grande partie le bien-être et la sécurité, ils ne cesseront pas de travailler dans cet intérêt les parties basses de la société. Ils ne cesseront pas tant qu'ils pourront se dire impunément les continuateurs de Robespierre et de Marat. Tel est leur vrai mobile. Tenez pour certain qu'en ce sens ils feront du pis qu'ils pourront, pour ne pas perdre ou pour gagner une position usurpée par des jongleries. Voilà pourquoi ils sont incapables d'écouter aucun raisonnement, ils n'obéissent qu'à la force ; mais aussi quand elle les presse, ils deviennent alors beaucoup plus malléables qu'on ne le supposerait dans leurs accès d'épilepsie. La grande erreur des moins méchants est de s'imaginer peut-être qu'une société peut résister longtemps à de telles atteintes, et les couvrir encore au moins leur vie durant. Après nous le déluge, pensent-ils ! c'est bien là leur épicuréisme ; ils ne comprennent plus que les passions d'un parti sans foi, ni loi, ni roi. Ils ne triompheront pas, il faut l'espérer, si l'on vient à s'entendre dans les partis qu'ils mettent en péril. Leur juste châtiment est déjà commencé dans l'indignation et le mépris qu'ils inspirent à toute l'Europe. C'est en vain qu'ils cherchent encore à couvrir les excès de leur régime, tantôt par des mensonges, tantôt par d'impudentes apologies d'eux-mêmes et de leurs pareils. Leurs œuvres et leurs fruits nous restent, avec leur funeste influence : *scripta et gesta manent.* Quoi qu'ils fassent désormais, le jugement de la postérité est déjà prononcé sur leur compte ; ils le sentent bien, et voilà pourquoi ils continuent leur perversité, dans cette pensée antichrétienne qu'un peu plus ou un peu moins de mal n'est pas un grand poids dans leur triste et lourd bagage.

Et ce sont là les Vandales qui, placés par la plus honteuse des surprises à la tête du pouvoir, ont osé proclamer officiellement que tous les principes du vieil ordre social avaient péri, qu'ils n'étaient plus qu'à l'état de médailles antiques trouvées dans des ruines, et désormais sans valeur courante! Et ces mêmes hommes, effrayés aussitôt du vaste cloaque en ébullition où ils s'étaient jetés étourdiment sans boussole, sentant qu'ils ne pouvaient sans y être engloutis se passer d'une règle quelconque, ne fût-ce que pour quelques jours, se mirent, dans leur détresse, à décréter de nouveaux principes de leur façon; principes assurément aussi faux que dangereux dans une longue application. On en peut juger déjà amplement par un essai de trois ans. Il nous faut des multitudes d'expédients, de restrictions, de replâtrages, etc., pour les mettre en œuvre; et tous ces efforts d'esprit n'en ôtent pas le péril, parce que ce sont des contradictions flagrantes qui donnent aux partis violents lieu à des prétextes qui ne sont pas sans un certain fondement logique. Parlons en passant de ces prétendus principes renouvelés de 93, et exagérés encore sur cette époque néfaste. Qu'est-ce, par exemple, que la souveraineté du peuple? C'est une idée bien complexe. On sait comment chaque meneur, chaque parti s'en prétend l'organe et l'exclusive expression. Les uns, et ce sont les moins fous, veulent qu'on entende par le mot peuple l'agrégation de toutes les classes, moins les bandits, moins les gens sans aveu et qui sont un danger ou une charge pour la société ; les autres, qui se disent de grands réformateurs progressifs (en effet, ils le sont dans le sens du bouleversement extrême sens dessus dessous), n'admettent pour leur peuple à eux que les classes infimes et tous les rebuts des autres classes, dont ils se croient les maîtres à toujours. C'est à ce noble ramas qu'ils attribuent, de l'air austère qu'on leur connaît, toute la souveraineté ; bien entendu tant qu'ils se croiront en possession de s'en servir pour exécuter ce qu'ils appellent *le tour de main*, et ensuite torsionner les gens aisés. Après le tour fait, ils congédient la multitude qui les embarrasse, et ils l'écrasent s'il le faut en la traitant de barbare. Mais de quelque façon que le mot peuple soit entendu, comment est-il possible d'en connaître et constater promptement la volonté plus ou moins inintelligente dans toutes les crises intestines ou étrangères qu'un pareil régime ne saurait manquer de multiplier, avec toutes sortes de tiraillements contraires dans les villes et les campagnes ? Pendant l'opération, l'ennemi marche toujours avec avantage et peut même l'empêcher. Même en temps de paix, est-il facile de constater la majorité, je ne dis pas exacte, mais seulement approximative ? Déjà la moitié au moins des ayants droit, et des meilleurs, en est venue au point de s'abstenir en abhorrant leur prétendue part de souveraineté, qu'ils abandonnent avec autant de péril que de dégoût aux éléments gangrenés. Est-il étonnant que ces derniers restent si souvent les maîtres dans une arène qui convient si peu aux hommes laborieux et paisibles ? Et qu'on ne vienne pas me contester la vérité de mes observations sur l'exercice de la prétendue souveraineté nationale ; ces faits se sont déjà produits en cinq cents endroits. Ce sera bien pis quand la pression des Rouges s'y rencontrera. Je ne parle pas ici de la division entre les hommes d'ordre qui paient encore de leur personne, ce qui seul suffirait pour fausser tout le système et le rendre mortel en très-peu de temps. A tout cela je vous défie d'appliquer un remède efficace ; car tout régime de pénalité ou de coercition révolterait bien des gens. Il n'en est pas en cette matière comme dans le jury, qui n'est déjà pas mal contraire à la liberté individuelle, en ce qu'il vous force à juger vos semblables, nonobstant vos affaires, votre répugnance, et souvent votre inaptitude ; mais qui est beaucoup moins général, et est devenu une nécessité de la nouvelle justice criminelle, que ce n'est pas ici le lieu d'examiner. Dans l'ordre politique, des fous ont voulu que chaque individu fût souverain, ou du moins déclaré tel ; ils en ont fait la base de tout leur édifice : c'est bien le moins que chacun ait la liberté d'en user ou de s'abstenir, selon le cas qu'il en fait ; autrement, sa souveraineté ne serait plus qu'un intolérable esclavage. Il n'est donc pas douteux que le despotisme démocratique ne gagnerait rien à la contrainte en cette espèce.

De ce premier principe, une fois posé comme fondamental, devait naturellement éclore le fameux suffrage universel, son digne corollaire. J'ai contre ce fils premier-né exactement les mêmes reproches que je viens de faire à son anarchique père. Bien que j'aie déjà traité cette matière dans mes autres écrits, il y a plus de deux ans, elle est assez importante pour que j'y revienne ; d'autant plus que les choses se sont fort aggravées, depuis lors, ainsi que je l'avais prévu. Je n'ignore pas que je serai mal venu, chez beaucoup de gens, à insister encore ici sur mes répulsions. Je vois dans le monde et dans la presse de toutes les couleurs un certain nombre d'adorateurs d'un fantôme qui les dévorera. Ils ne me paraissent pas du tout soupçonner où les conduit leur passion vraie ou feinte. Chacun habille et défend le simulacre à sa manière ; et chacun se flatte de le tourner du côté de son parti. Je crois, moi, qu'il est l'ennemi de tous, et qu'il les perdra tous successivement et capricieusement. Je regarde en pitié les freins et les engins que l'on invente pour empêcher la machine de dérailler. Croyez-vous qu'après ces expédients et d'autres proposés, vous serez au bout de vos tribulations et de vos dangers? Ah! vous l'avez voulu, Georges Dandins de la Constituante, mère marâtre de la Législative! vous saurez à la fin comment se gouvernent la souveraineté du peuple et le suffrage universel. Aujourd'hui, 25 avril 1851, moi, infime, je vous prédis que, dans un temps peu éloigné, ces deux grandes mystifications téméraires seront répudiées par la France, ou l'auront tuée au profit des anarchistes et des Anglais. Mais il est possible qu'elles ne soient abandonnées qu'après avoir eu renversé la société de fond en comble.

Je ne parlerai point ici de la liberté de la presse, que vous avez également consacrée, sans pouvoir la régler. J'en ai assez parlé ailleurs. Mais on doit vous louer d'avoir rejeté ces deux autres principes de fabrique toute nouvelle, savoir : *Le droit au travail, l'abolition de l'exploitation de l'homme par l'homme.* Il faut avouer pourtant qu'ils sont en germe dans celui de la souveraineté du peuple, et que, dans une nouvelle insurrection triomphante, ils pourraient sortir de ses flancs assez logiquement. Ah! si vous aviez donné dans ce panneau grossier, l'État, devenu seul manufacturier, serait déjà banqueroutier. La société ne serait plus qu'un pille qui peut et un sauve qui peut général. Le pays entier, couvert de ruines, frappé de la plus affreuse stérilité, ne serait plus habité que par des bandes errantes d'affamés et de gladiateurs acharnés les uns contre les autres. Cependant, comme par capitulation, vous avez consacré le droit à l'assistance; c'est encore là un principe faux. L'assistance est bien, sans contredit, un devoir humanitaire et chrétien pour ceux qui en sont capables; mais en avoir fait un droit civil en faveur des nécessiteux, généralement et sans discernement, c'est avoir voulu tripler leur nombre et se préparer, pour la suite, de terribles exigences de nuées de fainéants volontaires que l'on aura sur les bras. C'est encore là une de ces soupapes de sûreté que l'on imagine pour diminuer l'intensité de la chaleur, et qui ne fait qu'accroître le volume du combustible qui alimente la fournaise politique.

Oui, j'ai dit dans mes écrits et je redis pour la dixième fois avec assurance, que les idées effroyablement multiples et complexes renfermées dans les faux principes de la souveraineté du peuple et du suffrage universel, ne seront jamais d'un usage facile ni sûr ; mais seulement des épreuves très-redoutables et d'une intégrité impossible dans leurs résultats, un champ de bataille entre les intrigants et les conspirateurs contre les honnêtes gens perpétuellement alarmés et en péril ; une arène de querelles et d'investigations policières souvent blessantes, qui feront fuir une multitude de bons citoyens abandonnant la partie aux mauvaises passions. Il plaît aux théoriciens et aux intrigants de faire sans cesse parler le peuple en conformité de leurs idées spéculatives ; ils le surchargent de prétendus droits qu'il ne regarde, lui, avec raison, que comme de vraies corvées qui lui font perdre son temps et troublent son repos sans aucun profit. Car, que gagne-t-il dans les agitations de la rue, de la place publique et de l'élection? Que n'y perd-il pas, au contraire, en moralité et en travail utile? Le tout, pour élever au pinacle de très-vulgaires ambitieux qu'il ne connaît même pas, et qu'il battrait de verges s'il savait le véritable mobile secret de leur âme hypocrite, envieuse et jalouse; s'il savait que tout ce nouveau régime, si ruineux et si compliqué, n'a été imaginé absolument que par et pour de vrais forbans politiques. Qu'il examine la cynique charlatannerie de cette belle élite de Michels, de Mathieux, etc., etc., qui l'exploitent et le dominent maintenant, et il verra de quels gens il est dupe. L'un est, dit-on, le fils d'un muletier, élevé par la charité religieuse, et il cloue à son nom, sans aucune façon, celui d'une de nos capitales de province qu'il ne quitte plus; l'autre, prend le titre d'un département, et procède de je ne sais où. Rien n'est encore une fois devenu plus commun, à l'imitation de 93.

Il est bien évident que tous ces soi-disant démocrates ne font la guerre aux aristos et aux rois, ne bouleversent les États, que pour y devenir princes et seigneurs à leur tour. C'est là tout le dessein des Lycurgues de la souveraineté nationale et du suffrage universel. Les partis corrompus, qu'il est si aisé d'agiter en tous sens, s'imaginent trouver leur compte à la suite de ces dignes meneurs; mais une grande partie du bon, du vrai peuple, voyant clairement la rouerie, s'obstine à faire défaut dans tous les degrés de ces parades électorales. Cela seul suffirait pour la condamnation de tout le système, et pour en démontrer le vice radical. Par exemple, quand, par suite de la loi restrictive du 31 mai, contre laquelle ont tant crié, plus ou moins sincèrement, les scrupuleux d'un côté et les exploiteurs de l'autre, on vient dire à un honnête artisan ou à un bon laboureur : « Vous êtes rayés des listes électorales, vous n'êtes plus aptes à voter, vous ne serez plus appelés ; » ils s'écrient aussitôt, avec autant de joie que de bon sens : « Ah, tant mieux ! nous ne serons plus tracassés par l'un ou par l'autre. Nous ne serons plus détournés de nos affaires. Puissions-nous de même être *exempts* (sic) du jury, de la garde nationale, etc. ; car, pour l'impôt en hommes et en argent, nous sentons bien qu'il faut le payer pour être protégés contre les ennemis intérieurs et extérieurs. » Tel est le langage de presque tous ces braves gens ; il diffère infiniment de celui que leur prêtent les tribuns et rhéteurs de cabinet. Je n'entends que ces sentiments exprimés de tous côtés ; et c'est, avec la perte de toute confiance en l'avenir, ce qui leur fait regretter encore plus vivement la Monarchie, et haïr les factieux qui l'ont renversée. De bonne foi, ont-ils tort ? Malheureusement, fatigués de tant de changements à vue, qui ne leur apportent en fin de compte que des préjudices, ils ne veulent plus témoigner leur blâme que par leur force d'inertie, jusqu'à ce qu'ils soient poussés à bout. On a beau faire appel à leur zèle de divers côtés, ils n'en ont plus, tant qu'on écartera la solution qu'ils désirent. Cela fait aussi parfaitement les affaires de l'anarchie, qui opère à son aise sur ses séides et ses masses désœuvrées.

Le fait est que le bon, le vrai peuple ne demande qu'à être bien gouverné, sans s'en apercevoir ni s'en mêler, et non à gouverner. Il sent à merveille son incapacité dans un art si difficile, et la jonglerie des meneurs qui ne veulent faire de lui qu'un instrument de domination pour eux. Quant à la police, il aimerait beaucoup aussi qu'elle se fît sans lui. Nous en voyons tous les jours demander à être rayés du contrôle de la garde nationale, et faire défaut soit dans le service, soit aux parades, véritable jeu d'enfants désœuvrés. Tout ce prétendu *droit au fusil*, n'est au fond qu'une agitation permanente et un fardeau fort onéreux. Aussi, ne voyons-nous aucun peuple sagement occupé nous imiter dans une institution que nos folies ont bien pu rendre temporairement nécessaire, mais qui est devenue bien infidèle à son but. . .

Un mot encore sur le travail préparatoire du régime électif. Quel dégoûtant fatras de paperasseries stériles, de listes et de registres purement nomenclaturiers d'un volume énorme, uniquement profitables aux fabriques de papier, et pour ne servir qu'une seule fois et n'obtenir qu'un faux résultat ! Et puis, pour recommencer périodiquement à travers mille périls ! Quel stupide besoin de déplacements, d'interprétations, de règlements, de mesures policières, d'innombrables plumitifs mécaniques, de porteurs de dépêches, d'éplucheurs de ce bagage, etc., etc. ! Quelle perte de temps pour les intérêts publics et individuels, surtout pour les fonctionnaires de l'Etat, forcés de négliger les affaires utiles pour ne s'occuper que de cette fastidieuse besogne ! Sans elle, nous aurions à faire mille autres choses qui nous porteraient bientôt au comble de toutes les prospérités. Voyons-nous aucun autre peuple s'absorber comme nous dans cette immense fadaise ?

Quand j'étais dans la haute administration, sous l'empire des censitaires à cent écus, nous nous plaignions beaucoup, nous et nos agents, du temps que nous consumions dans tous les accessoires de ce sot travail ; car, dès lors, on joua beaucoup trop au jeu dit représentatif : mais c'est plus de cent fois pire aujourd'hui, que les casse-cou de la spéculation révolutionnaire en ont poussé la frénésie jusqu'aux plus extrêmes limites. Ils nous en ont fait une tâche qui laisse bien peu de place pour toutes les autres, tellement qu'elle est devenue la dominante. Voilà au juste ce que c'est que la souveraineté du peuple et le suffrage universel, qui ne seront jamais sincères et mettront souvent l'État à deux doigts de sa perte, en le tenant, en outre, constamment en échec. Ce système insensé peut convenir aux conspirateurs et aux intrigants de toute couleur, ou aux théoriciens de cabinet, qui n'ont aucune pratique des esprits et des affaires sérieuses ; mais il sera toujours l'effroi des observateurs clairvoyants, et le dégoût nauséabond de toute administration capable de beaucoup mieux. Les hommes qui y sont versés peuvent juger déjà de ce régime par les fruits qu'il a produits depuis trois ans. Nous en verrons éclore de plus mauvais encore, si je ne me trompe.

Je sais bien que des légitimistes, en crainte d'un nouvel orléanisme, s'imaginent améliorer le système en étendant le suffrage jusqu'aux incapacités judiciaires exclusivement ; que des orléanistes tendraient à le restreindre, pour en revenir à peu près à cette moyenne classe qu'ils ont fait trôner avec eux dans leur monopole de dix-huit ans ; que les anarchistes veulent pousser leur ridicule souveraineté jusqu'au dernier goujat et au repris de justice inclusivement, afin de tenir l'ordre continuellement en péril par les plus dangereux éléments du désordre. De ces trois systèmes aucun n'est bon, ni sûr, ni facile, ni exempt de graves mécomptes dans sa mise en action.

Le seul salut serait d'arriver, dès qu'il sera possible, à se passer de ces trois meurtrières batteries, qui seront toujours vicieuses et viciées, quelques perfectionnements qu'on y apporte. Je ne me lasserai point de le répéter sous toutes les formes, tant je suis convaincu, par expérience, de leur malfaisant attirail, dont le moindre défaut est d'être inintelligent, capricieux et équivoque. Ce n'est pas moi qui m'y fierai jamais, du moins en France, le peuple le plus frivole et le plus inconstant de la terre, et, partant, le plus incapable de vivre longtemps en bonne santé avec ce régime si prôné par certains empiriques qui nous l'ont enfin infligé, pour le plus grand et le seul avantage des industriels de la démagogie. Subissons-le donc jusqu'à satiété, puisque nous en voici bâtés, et que nous ne savons pas nous en dégager. Malheureusement l'espèce est terriblement prolifique, et elle pourra bien faire des petits qui donneront de la tablature à ses auteurs mêmes.

J'entends dire à certains Philintes : « Mais non, il n'y » a pas d'impossibilité à ce régime. On s'y habituera, on le » comprendra mieux, et alors la mise en action cessera » d'être difficile et dangereuse. D'ailleurs, nous recon» naissons que la souveraineté nationale ne peut s'exer» cer que par délégation. Et qui nous empêchera, dans » la suite, d'accorder cette délégation à un ou plusieurs » mandataires pour 10 ans, pour 20 ans, même à » vie, au lieu de 4 ans ; ou bien à une ou plusieurs » assemblées septennales, décennales, etc. ? » Fort bien Mais, grands théoriciens sans pratique, vous ne feriez encore ainsi nullement disparaître les vices et les dangers de votre système énumérés plus haut. Vous en éloigneriez seulement les crises, qui pourraient bien en devenir plus formidables, en augmentant l'ardeur des partis plus longtemps contenus. Et d'ailleurs l'épreuve n'a-t-elle pas été faite 500 fois surabondamment, sous toutes les formes, depuis 60 ans, pour notre malheur? Parlons franc : pourquoi aller, comme on dit vulgairement, chercher midi à 14 heures, où il ne se trouve plus ? Pourquoi aller au Kamtschatka, à travers mille tempêtes, pour y prendre le chemin de Rome par les glaces polaires, quand vous y pouvez aller sans peine ni danger par la magnifique rivière de Gênes et par le Piémont, tout près de vous ? Car je suppose que vous voulez, comme moi, sincèrement et avant tout le bonheur et l'honneur de notre commune patrie.

Vous reconnaissez que pour que la manifestation de la souveraineté nationale soit possible, il faut absolument qu'elle se délègue par le suffrage universel, quelle que soit l'immensité de l'opération. Je viens de vous démontrer la fausseté inévitable des résultats, et les périls que vous encourrez chaque fois que vous aurez à faire fonctionner votre mécanique avec ses 10 ou 12 millions de pions ou dents, dont il y aura toujours un tiers, une moitié et plus qui manqueront aux engrenages, par des causes diverses. Mais ne serait-il pas infiniment plus simple, plus court, plus sûr et surtout plus honorable pour nous d'en revenir à l'antique délégation de nos pères, qui devrait être encore obligatoire pour nous comme elle le fut pour eux, et que nous avons laissé déchirer par la violence et l'iniquité révolutionnaire ? Je vous le demande, la main sur la conscience, avez-vous un autre barrage capable d'arrêter ce torrent d'anarchie qui nous déborde encore une fois, et menace de nous entraîner plus loin que jamais ? Car je suppose encore à cet égard que votre intention est honnête. Je ne parle pas ici aux démagogues. Je sais de reste qu'ils ne reconnaissent de légitimité et de droits que dans le désordre élevé à sa plus haute puissance. Mais pour tous ceux qui sont honnêtes, et patriotes intelligents, croyez-vous qu'ils n'aimeraient pas mieux mille fois restituer leur délégation à un Saint-Louis, un Louis XII, un Henri IV, un Louis XVI, un Charles X, un Henri V, plutôt que de la donner, en dépit d'eux, à un Louis Blanc, à un Ledru, à un Michel, à un Mathieu, à un Laurent, fût-il de Bourges, de l'Ardèche ou de la Drôme? voire même à un Lamartine, un Hugo ou un Girardin ; ou à un maire de France annuellement élu, comme nous le propose en ce moment ce dernier fou.

Or, la famille de nos rois subsiste pleine de sève et de vigueur. Son chef est de tous points admirablement mûr pour régner, et tout concilier ; je dirai mieux, pour enlever les esprits et les cœurs les plus prévenus. Que s'il y a de grands coupables encore opposants, qu'ont-ils à craindre du retour d'une famille qui pousse le pardon des injures et la bienfaisance jusqu'à l'excès ? D'ailleurs, aucun d'eux n'a été jusqu'au régicide, Dieu merci. Leurs torts auraient donc bientôt trouvé grâce, et s'effaceraient même aisément par de bons services. Les fils de Danton et de Fouquier-Tinville ont été indemnisés sous Charles X des biens de leurs pères, confisqués révolutionnairement après leur supplice trop mérité. La sœur de Robespierre même avait ému la pitié de Madame la Dauphine, et en a obtenu une pension. Certes, il faut être dix fois bon, dix fois grand et généreux pour porter aussi haut la bienveillance générale et la vertu chrétienne. Que tardons-nous donc, quand nous sommes pressés par d'implacables ennemis de Dieu et de la civilisation? Réintégrons et maintenons notre délégation dans cette auguste dynastie par ordre de primogéniture légitime et héréditaire, pour éviter les désordres inhérents aux usurpations, comme le firent avec tant de succès nos pères sous les trois races Mérovingiennes, Carlovingiennes et Capétiennes. Ce n'est qu'à leur rare extinction que les États généraux du royaume étaient spécialement obligés de s'assembler pour en déléguer une autre aussi à perpétuité. Alors il se fait un vrai traité synallagmatique entre le monarque et les sujets, également obligatoire des deux côtés : avantage sans pareil pour la gloire, la force, l'unité et la paix intérieure ou extérieure du pays. Tel est incontestablement notre antique droit national, qui n'a été nié et suspendu que par les fureurs révolutionnaires, et auquel le gros et le meilleur de la nation est toujours resté attaché. Vous voulez avec raison la perpétuité des familles et de leurs justes héritages, sans laquelle point de société possible ; et vous en avez laissé renverser la première garantie en souffrant, du moins momentanément, la chute d'un trône de quinze siècles, pour mettre à la place un tas de chimères absurdes et ruineuses et des intrigants dépravés. Soyez certains que tant que nous n'aurons pas réparé cette infidélité à nos engagements, ce qui au reste n'a été pour nous qu'un grand suicide, nous ne sortirons pas de la lice révolutionnaire. Personne aujourd'hui n'y saurait voir d'autre terme : cela est trop évident.

Que dirait-on des enfants d'un pays, d'une commune,

d'un père de famille, qui, liés par des actes solennels consentis librement par leurs auteurs, loyalement exécutés avec gloire pendant une longue suite de siècles, déchireraient tout à coup le contrat, par caprice, ou plutôt parce qu'il a surgi parmi eux des hommes d'iniquité dont la violence a fait la loi à la communauté, à son grand déshonneur et dommage ? C'est exactement ce que nous avons fait il y a 60 ans, uniquement pour satisfaire l'orgueil et l'ambition de scélérats qui ont osé se mettre à la place d'un vertueux monarque égorgé par leurs mains parricides. Est-ce que, par tout pays civilisé, les héritiers ne sont pas tenus de continuer l'exécution des contrats signés par leurs aïeux ? est-ce qu'il leur est permis de les mettre à néant à chaque génération, tant que la représentation existe dans l'autre partie contractante et qu'elle n'a pas renoncé à ses droits ? Est-il loyal, est-il prudent, est-il avantageux pour le présent et l'avenir de forfaire à ce droit, pour le déférer illégitimement soit à l'usurpation, soit à des hommes nouveaux sans titres ni qualités ? Notre situation actuelle répond démonstrativement : Non.

Grâce à notre infidélité, les principes, la famille, la propriété, Dieu même, tout est mis en question ; et il n'y a plus aucune apparence de rien préserver, sans le replacer sur ces bases. Quand on a arraché à la fois la clef de la voûte et la première pierre de l'édifice, force est qu'il s'écroule en gros ou en détail, avec plus ou moins de fracas, malgré les étais. Et qu'on ne vienne pas dire que le parallèle que je viens d'établir entre les contrats des peuples avec leurs dynasties, et ceux entre les communautés, les familles et les particuliers, n'est point exact. Il n'y a de différence que du grand au petit ; et, quoi qu'on y puisse chicaner dans le barreau révolutionnaire, c'est le premier droit qui fait toute la force et la sécurité du second. C'est ce qu'on verra mieux, mais trop tard, quand la grande débâcle de tous les intérêts matériels viendra couronner celle des principes, déjà si fort avancée. Sans doute, les nations ne sont point la propriété des rois, et nul d'entre eux n'a cette absurde prétention ; mais ils sont les premiers, les nécessaires magistrats légitimement chargés de l'honneur, du bien-être et du gouvernement de leurs sujets, sous leur responsabilité devant Dieu et devant l'histoire. C'est à ce titre que les sujets leur doivent amour et obéissance. Sans cela ils ne seront jamais heureux ni en paix, et ils laisseront après eux une mémoire sans ampleur. Ils ne seront représentés dans la postérité que par une obscure série de factieux vulgaires, de vils intrigants, souvent même de scélérats sans aucun éclat personnel. Les logiciens de la destruction sentent si bien le mérite de cette solidarité naturelle entre les peuples et les rois, qu'ils en sont venus à diriger contre elle leurs plus vives attaques. « An-archie ! an-archie ! vous crient-ils sans détour. Plus de gouvernement ! plus de pouvoirs constitués ! plus de délégations ! Le peuple régi par le peuple sur la place publique ! » Je défie que le délire de la fureur puisse aller plus loin. C'est bien là, je le reconnais, l'ultième effort de l'imagination la plus scélérate, qui proclame ouvertement le dessein de faire de la société détruite le plus vaste coupe-gorge que l'on ait jamais vu. Certes, il faut une âme de boue, un front d'airain, et toute la hideuse férocité du crime pour s'exaspérer publiquement à ce point. Si nous en venons là, nous verrons de belles choses ! Cela ne durera pas longtemps, sans doute ; c'est impossible, et les dignes réformateurs qui se flattent de demeurer les princes de ce beau régime, pourront bien y être mis tout des premiers en mille jolis petits morceaux. Mais nous aurons tous l'agrément d'avoir vu un moment sur la terre l'abomination de l'abomination dont parle l'Écriture.

Quand on songe que Hugues Capet fut lui-même un grand homme pour son temps, qu'il fut élevé sur le trône et reconnu par tout ce qui avait alors qualité pour cela dans le royaume ; que dans sa descendance il y a eu une longue série de rois encore beaucoup plus grands que lui ; que c'est à cette antique race que nous devons la carte de la France actuelle, nos franchises, nos plus solides conquêtes dans les arts et dans les libertés raisonnables ; que nos trois derniers rois, Louis XVI, Louis XVIII et Charles X, ne respiraient réellement que l'amour et le bonheur de leur peuple, et n'ont été que trop débonnaires ; qu'ils n'ont été renversés que par des factions qui nous ont perdus plusieurs fois, en faisant violence à l'immense majorité de la nation, et à plus de quarante de ses assemblées générales et séculaires, jusqu'à et y compris celle de 89 ; quand on sait avec une certitude éprouvée par mille traits caractéristiques que le légitime héritier de la troisième race, monseigneur le comte de Chambord, est véritablement un homme supérieur aux passions, parfaitement instruit, ayant employé son long exil à acquérir les connaissances les plus variées et les plus utiles pour en faire un grand roi, du plus noble caractère comme sa figure, et d'une vive intelligence, plein de générosité et d'ardeur pour la réintégration de son ingrate et malheureuse patrie dans son ancienne splendeur, sans aucune injure personnelle à venger, ne respirant au contraire hautement qu'une conciliation durable entre les partis, appelant noblement derrière lui la vivace maison d'Orléans, quels qu'aient été ses torts, et à laquelle lui seul peut imprimer une direction plus nationale que celle qu'elle a suivie depuis 70 ans, et lui rendre des droits et un lustre qu'elle a perdus, et qu'elle ne recouvrera plus sans lui ; quand, devant une solution si claire, si équitable et si féconde, nous restons sous la mortelle et déshonorante influence des Mazzini, des Louis Blanc, des Ledru-Rollin, des Félix Pyat, des Michel (de Bourges), et de ce ramas d'utopistes et de spéculateurs révolutionnaires qui nous mènent au néant du plus grand train qu'ils peuvent, on ne peut comprendre le paupérisme de bon sens et le triste aplatissement d'un peuple qui le souffre, sans oser prendre un parti, qui pourtant est au fond de toutes les bonnes consciences.

Il suit de ces déductions rigoureuses, qu'il serait aisé de pousser beaucoup plus loin, que l'hérédité légitime du pouvoir sur le trône, de même que dans les familles, est réellement un éminent principe social, et même la meilleure base de tous les autres, une fois consacrée dans le temps par un consentement mutuel; *à fortiori*, quand l'avantage a été réciproquement éprouvé. Il suit que la monarchie tempérée, image perfectionnée du régime patriarcal, type primordial de toutes les sociétés, est le mode le plus sûr, le plus facile et le plus doux pour tous les citoyens d'un grand peuple. Il suit aussi que l'illusoire souveraineté du peuple et le suffrage universel, également difficiles, dangereux et menteurs dans la pratique, ne sont point des principes. Ils ne méritent pas ce beau nom, du moment qu'ils ne peuvent être la vérité. Ce ne sont absolument que des engins inventés pour les plus turbulents révolutionnaires de tous les temps, surtout ceux de nos jours; et s'il n'y a plus moyen de s'en débarrasser, d'une façon ou de l'autre, il n'est pas besoin d'être grand prophète pour prédire, à coup sûr, notre perte prochaine. Comment une société déjà à moitié dévastée par l'abandon de ses principes de vie, par son scepticisme en toutes choses, et par les funestes enseignements incessants de sa littérature cadavéreuse et de ses pédagogues salariés, pourrait-elle résister longtemps encore à ces terribles armes laissées aux mains de furieux exaltés contre elle jusqu'au paroxysme de la rage? Quelle grande ressource lui reste-t-il contre sa destruction entière, quand les partis qui la divisent et voudraient néanmoins la conserver, persistent à ne point s'entendre, tandis que la tourbe affamée de ses dépouilles se recrute journellement de leurs fautes et des malheureux que ses chefs nous font systématiquement? Ceux-ci déchaînent le peuple, et il se ruera à la fin contre ceux qui l'ont corrompu.

Cependant, nous payons pour notre protection environ deux milliards d'impôts, tant publics que locaux, et quatre ou cinq cent mille soldats. Nous avons un million de gardes nationaux armés, plus ou moins intelligents sur le chapitre de leurs devoirs et de leurs vrais intérêts, et plus ou moins variables dans leurs opinions, parce que le char de l'État est déraillé et que leurs têtes s'en ressentent. Il faut souvent les licencier. Tout cela ne suffit pas. Ce vaste réseau est encore trop faible; une trouée peut s'y faire çà ou là d'un jour à l'autre. Nous restons sous la menace d'une invasion de barbares sans quartier, et ce danger ne cesse point. Le retour au principe du pouvoir héréditaire nous en sauverait plus sûrement, à infiniment meilleur marché qu'avec tout cet attirail. Encore faudrait-il 25 ans peut-être d'un règne juste et ferme pour guérir le mal qui a été fait depuis 1830. Quelques sages seulement voient le fond de ce précipice ; le tourbillon du mal emporte aveuglément le reste, blasé dans les jouissances d'un matérialisme insensé, dont les éléments sont tous près d'être réduits en poussière. O temps, ô mœurs, ô patrie, ô siècle de soi-disant progrès et de lumières, vous n'êtes donc que vertige !

Cependant tout n'est pas perdu, et tout est réparable par l'union et le retour aux principes et aux saintes croyances de nos pères. Sans cela, qui nous délivrera des laves bouillantes du Socialisme et de la Montagne, prêchant à la fois la jacquerie de Londres, de Genève, de Lyon, de Paris et de mille autres lieux ? Il ne faut pas s'alarmer au point de se figurer que c'est la mer à boire. Les matamores Barbès, Blanqui, Miot, Louis Blanc, Pyat, Mazzini et toute la phalange qui marche à leurs côtés ou à leur suite, ne sont pas des colosses de bronze. Il y a beaucoup de forfanterie et d'exagération ridicule quand ils se posent comme génies de la destruction ; il est au moins douteux qu'ils soient de taille à l'opérer. On a vu leurs terreurs et leur fuite dans les crises décisives, bien qu'ils n'eussent plus à craindre la condamnation capitale, abolie pour eux seuls ; car ils en menacent tout le monde, espérant bien l'infliger un jour à tous leurs adversaires. Jusqu'ici on n'a vu en eux que d'ambitieux jongleurs, d'orgueilleux convulsionnaires, qui se battent le flanc pour produire des effets d'épilepsie démagogique exaspérée jusqu'à la plus haute puissance, sans penser un seul mot de leurs théories. Ce métier est pour eux un parti pris, n'en ayant point trouvé d'autre pour se rendre célèbres. Ils sont fiers du bruit qu'ils font et de la peur qu'ils inspirent, à la honte de l'Europe, qui n'a pas su encore les mettre à la raison, et de l'Angleterre, qui les souffle et protége. A cet égard, ils n'ont pas tort à leur point de vue, puisqu'on les a laissés en imposer à ce point. Comment consentiraient-ils à présent à rentrer dans l'obscurité du repos? D'autres, alléchés par leurs tristes succès, prendraient bientôt leur place. D'ailleurs, ils ont des chances dans les divisions des classes auxquelles ils en veulent. Ah! si elles s'entendaient une bonne fois pour les traiter suivant leurs mérites, on les verrait bientôt s'éclipser sans laisser beaucoup d'imitateurs. Quant aux masses qu'ils excitent sans cesse, et qu'ils méprisent en secret, en les adulant grossièrement, c'est là leur côté le plus dangereux.

Il y a dans cette multitude des gens de cœur et de bon sens, qui s'aperçoivent bientôt qu'on les trompe. Alors ils en avisent leurs camarades. Ils vous mènent à l'échafaud tour à tour, avec les derniers outrages: Philippe-Égalité, Camille Desmoulins, Danton, Robespierre, Saint-Just, etc., après avoir été les aveugles instruments de leurs fureurs. Ils vont chercher au Panthéon les restes de l'immonde Marat, qu'ils y avaient portés; ils les traînent sur la claie par les rues, pour les précipiter dans l'égoût de Montmartre: dignes gémonies dues à ce monstre, dont les démences de ce temps-ci nous font un demi-dieu. Passe pour des poètes de la force de MM. Lamartine et Victor Hugo, ou les Louis Blanc, les Pyat et compagnie. Ces Messieurs sont bien libres d'adorer de telles idoles, et de renier le vrai Dieu et ses principes. Cela dessine bien la qualité de leurs sentiments et de leur bon goût. Cependant, je croirais qu'au bout du compte ils auraient mieux fait, dans leur propre intérêt, de ne pas tant divulguer leur culte. C'est un avertissement que je crois devoir répéter ici, malgré leurs grands cris, à toutes les succursales de la Montagne, où les sybarites ne manquent pas non plus que les Thersites.

Si, pour leur propre malheur, tous ces histrions du désordre pouvaient mettre en scène leur affreux programme, ils y perdraient la tête dès le premier acte. Mille bras vengeurs se lèveraient contre eux : les uns, pour punir leurs crimes en désespérés ; les autres, en plus grand nombre, par rivalité de concurrence. Aveugles autant que téméraires, ils ne savent pas ce qu'ils font. Ils ne veulent plus de hiérarchie, ni d'autorité civile ni religieuse. Le peuple se gouvernant lui-même leur sourit ! Y pensent-ils? Je ne puis croire que cela soit sérieux de leur part ; car ils peuvent bien avoir faussé leur intelligence à force de la galvaniser sans cesse, mais ne pas l'avoir éteinte à ce point. Je soupçonne qu'ils n'ont sauté tout d'un coup jusqu'à cette formule de l'anarchie extrême, que pour semer devant eux l'épouvante générale, neutraliser par là toute résistance, imposer tout d'abord leurs utopies ridicules ou insensées, et y dominer seuls. Mais c'est encore là une erreur ; ils n'y seraient pas trois jours les maîtres.

Concevez donc un grand État décomposé en 40 ou 50 mille sénats de place publique, sans lien de correspondance entre eux ni avec l'étranger, sans autre esprit que les passions locales. La belle nationalité que cela nous ferait ! Il y en a même qui veulent que les femmes et les enfants aient voix dans ces belles assemblées. Je crois bien que voilà le *nec plus ultra* de la décomposition sociale ; car ce système ne conviendrait pas même aux républiques de Brême et de Saint-Marin, où l'on ne peut se passer encore de magistrats délégués, et où l'on écoute la justice et la raison. Mais une fois précipités dans cet immense chaos qu'aucun peuple n'a jamais vu, qu'y feraient donc ces si sublimes réformateurs ? Pensent-ils y trouver des tables bien servies et de nombreux serviteurs obéissant à leur appel, comme à leur passage au Luxembourg et à l'Hôtel-de-Ville ? Auront-ils à leur voix plus de forces relatives, plus de caractère, plus d'esprit exterminateur, plus de puissance sur les masses pour dominer les caprices de la violence, plus de froides perfidies que n'en eurent les sanguinaires héros de la première Montagne, qui poussèrent aussi eux leurs théories et leurs exécutions jusqu'aux derniers excès ? Auront-ils à la fin la même audace pour mener leurs victimes et leurs rivaux au supplice, et y marcher eux-mêmes à leur tour ? Car, ce dernier contingent, il faut aussi le prévoir. Non, non. Tout leur génie consiste à plagier servilement leurs exécrables devanciers, à renchérir sur leurs méthodes de destruction, à fouiller dans les plus mauvaises archives du genre humain de vieilles utopies décriées ; à les rajeunir comme des nouveautés, et à les outrer jusqu'à l'abominable. Pour cela, ils font des efforts incroyables, ils s'exaspèrent l'imagination, ils se tenaillent le cerveau jusqu'à la frénésie ; tellement qu'on peut leur dire avec vérité qu'ils se supplicient eux-mêmes dans une si énorme dépense d'excentricités révoltantes pour leur propre conscience. Je n'en doute nullement. Toutefois, à force de s'énerver ainsi continuellement l'âme et l'esprit, ils risquent de tomber tout à fait dans la folie.

Ces malheureux semblent ignorer complétement que l'extrême violence n'a en soi aucune condition de durée, et qu'elle passe absolument comme un ouragan sans intelligence, qui ne laisse après lui que des ruines confuses. Je veux croire que les mécomptes et les obstacles qu'ils ont trouvés dans leurs premiers essais, les justes barrières qu'on leur oppose, enfin l'impatience de la prison ou de l'exil, irritent encore leur démence. Je veux croire que s'ils reconnaissaient une bonne fois l'impossibilité de mener à fin leur entreprise, et, en tout cas, son désastre général, un pouvoir normal et fort pourrait les mettre en liberté, et que, rendus à leur bon sens, la plupart appliqueraient leurs talents à réparer leurs torts en faisant des choses honnêtes, utiles pour eux-mêmes. Mais, pour le présent, leur ambition rentrée et leur orgueil sont tels, que, ne pouvant faire pis, ils cherchent le bruit par toutes sortes de moyens, même les plus infâmes.

Récemment, on a vu un ver de terre nourri dans les pourritures de la Bohême de Paris, s'aviser, pour faire parler de lui davantage, d'un stratagème digne de la bande noire dont il fait partie. Il a remporté le prix de la grossièreté et de l'insulte envers tout respect humain, envers ce qu'honorent toutes les sociétés policées. Je me garderai bien d'en rapporter ici les termes. On connaît assez la dégoûtante insolence du crapuleux factum adressé au comte de Chambord par le soi-disant citoyen Félix Pyat. Et cela, sans haine apparente, sans aucune juste cause. Loin de là, car c'est à l'occasion d'un chef-d'œuvre du plus haut patriotisme. Est-ce qu'on aurait cru par là affaiblir la vive sensation produite dans tous les rangs par le manifeste de Venise? Autre erreur; car cet excès d'incongruité ne sert qu'à démontrer mieux la nécessité d'en venir au plus tôt aux conclusions du généreux prince. Et quand bien même ses nobles vœux seraient étouffés sous le poids des imbécilles passions de son époque, ce document n'en resterait pas moins dans la mémoire des hommes comme un monument de sagesse et d'élévation d'âme.

Un autre atome à peu près adéquat avait déjà remporté le prix du blasphème envers Dieu et ses décrets civilisateurs. Celui-ci dit en axiomes dogmatiques : « *Dieu, c'est le mal, ce n'est que le bourreau de ma conscience; la propriété, c'est le vol.* » L'autre dit : « *Haine et outrage à toute supériorité, nivellement absolu.* » En d'autres termes : « Retire-toi, suprême intelligence, ta grandeur m'offusque et m'humilie; assez et trop longtemps je l'ai reconnue comme les autres hommes; tes commandements et tes préceptes jettent le trouble dans mon âme, ils me gênent horriblement toutes les fois que je me livre à mes passions. *Vade retro!* A mon tour de régner sur la nature. Plus d'autorité ni divine ni humaine, plus de magistrats, plus de codes, plus de règles ni de lois. Je veux faire tout ce qui me passera par la tête, et l'imposer même aux autres si je le puis. C'est pourquoi j'abolis même les supériorités du talent et de l'esprit. » Tel est le délire, telle est la quintessence des doctrines de ces énergumènes et de leur école. Mais encore ici il n'y a pas la moindre invention. Tout cela se trouve dans l'Écriture. Ces dignes apôtres du progrès, après avoir copié les démons de 93, devaient en venir à plagier non moins servilement la révolte de Satan. Point de doute qu'ils auront la même fin que l'ange déchu; d'autant plus bas qu'ils n'ont jamais été des anges, que je sache.

Ce qu'il est très-à propos de remarquer, c'est que plus de trois cents de ces anges-là ont été des plus ardents ouvriers de la Constitution babélique qui nous retient encore dans une confusion et des difficultés qui semblent inextricables. Ce n'était pas déjà propre à nous la faire vénérer. Il est utile de rappeler aussi que les deux *vertueux* athlètes ci-dessus, alors qu'ils étaient au pouvoir souverain, étaient si peu d'accord, que dans l'antichambre même du lieu de leurs séances, en présence de leurs collègues, ils se sont pris un beau jour corps à corps comme deux crocheteurs, *unguibus et rostro*. Soufflets, coups de pied, coups de poing, égratignures, tout allait à merveille, et tout faisait *espérer* que les choses iraient beaucoup plus loin, si des tiers spectateurs mal avisés, au lieu de se mettre à les encourager et à parier comme devant le pugilat anglais ou un combat de coqs, n'eussent sottement séparé les deux écorcheurs. Depuis, ils n'ont rien vidé entre eux à armes plus nobles, sous prétexte que leurs têtes étaient trop précieuses à conserver pour la gloire de leur parti. A la bonne heure. O jongleurs! quelle modestie et quel prétexte? Et vous avez le front de mettre impudemment vos drogues et votre caractère au-dessus du baume sauveur des chrétiens et des monarchiens, et des preux de notre histoire!

Depuis lors, les deux illustres jouteurs ont mis, chacun de leur côté, toute leur émulation à attaquer Dieu et la civilisation ; je ne puis pas dire à qui mieux mieux, mais *à qui pis pis*. Il faut leur rendre cette justice. Le citoyen

Pyat peut se prévaloir de plus d'ignoble trivialité familière, et d'avoir encouru le plus de chances de corrections dès ce monde, qui se fait quelquefois justice lui-même. L'auteur du *Chiffonnier* était le plus capable de cette *blague* de polémique ordurière, qui seule l'a fait connaître. Après un Eugène Sue, il ne peut plus écrire que pour la dernière populace ; encore y trouvera-t-il des individus auxquels il restera assez de bon sens pour mépriser ses trop grossières insultes. Mais le citoyen Proudhon l'emporte grandement en audace impie et en talent logique à sa manière. Il est bien impie au plus haut degré, mais il n'est pas crapuleux. Le premier ne trouvera pas d'excuses ici-bas, et pourrait y rencontrer maille à partir. Le second, avec la faconde qui lui est propre, peut, quand il lui plaira, mystifier toute la France d'une façon assez piquante, et même se justifier jusqu'à un certain point. Il n'a qu'à faire volte-face, en nous criant un beau matin : « Français, vous êtes bien les plus stupides Béotiens de la terre. J'ai escaladé le ciel comme un Titan ; j'ai attaqué Dieu, la société et ses principes au delà de toute mesure connue ; j'ai mis à néant cinquante siècles de civilisation et tous leurs travaux. Vous m'avez pris à la lettre. Je vous ai fait peur. J'ai voulu me divertir à vos dépens. J'ai voulu savoir jusqu'au bout à quel point vous étiez capables de pousser la tolérance et la crédulité, et vous donner une bonne leçon. Est-ce que vous m'avez cru assez sot pour être sincère dans mes attentats visiblement absurdes ? Apprenez aujourd'hui que je ne pensais pas un mot de mes utopies, et que même je m'en moquais intérieurement en pensant tout le contraire. Je vous en ai donné la preuve. J'ai fait depuis un mariage qui m'a mis dans l'aisance. Je n'ai rien eu de plus pressé que de placer mes *infâmes capitaux* (comme je disais quand je n'en avais point) sur première hypothèque. J'aime ma femme, quoiqu'on la dise royaliste; j'aimerai de même mes enfants; et si quelqu'un s'avise de leur disputer mon héritage, il aura affaire à moi. Vous voyez donc bien, ô Béotiens! que, dans mes négations religieuses et sociales, je n'avais pour but que de me rire de vous en vous occupant de moi. »

Si notre *ami* Proudhon, c'est-à-dire, *l'ami de Dieu et des hommes* (comme Marat était l'ami du peuple), faisait cela; ma foi, je ne serais pas le dernier à lui applaudir et à lui pardonner ses folies. Je crois que plus d'un rieur passerait de son côté. On me dirait: « Mais la plaisanterie a été poussée trop loin en matières si sérieuses. » C'est vrai; mais dans cet homme il y a assez de talent pour se tirer de la fournaise où il s'est jeté. Quand il se met en verve, il abasourdit, il assomme d'un coup de massue ses confrères en incendie. Que serait-ce s'il les entreprenait tout à fait, lui qui les connaît si bien, et qui est réellement plus serré qu'eux tous?

On a vu cent fois, jusque parmi les saints, de grandes conversions subites, et qui produisaient un effet immense sur leur siècle. Mais je ne veux pas ici ôter à *notre ami* Proudhon le mérite de l'initiative, si le cœur lui en dit. Ce n'est qu'une simple idée que je lui soumets humblement. Pour le citoyen Pyat, je n'ai rien à lui conseiller. Je ne crois pas qu'on puisse tirer d'un atome de boue humaine rien de liquide et honnête. Le mieux est de le laisser dans sa fange. Nous *jouissons*, sans contredit, d'une bien méchante république; mais quand on songe à l'excessive dépravation de la république des lettres actuelles, n'est-ce pas à faire mourir de honte tout écrivain de profession?

Voilà donc là la chose sans nom pour laquelle nous avons laissé abolir une antique monarchie qui faisait l'honneur et la sûreté de tous! Voilà donc les faux et absurdes principes qui ont remplacé ceux du salut et de la vérité, du moins pour un temps qui sera un jour aussi détesté que détestable! Pourra-t-on le pardonner aux méchants et aux fous qui en ont la principale responsabilité? Qui ne voit du premier regard que tous ces prétendus principes, acceptés pour tels seulement par une tourbe hébétée, sont aussi odieux qu'impossibles dans l'application? Qui ne voit qu'ils ne sont autre chose que de formidables béliers de destruction, suspendus sur la tête de la société comme l'épée de Damoclès? figure qui ne vieillit pas, parce qu'elle exprime bien un grand danger permanent. Et quand on songe par quels hommes ce beau régime à été infligé à une grande nation, n'est-ce pas à nous faire voiler la face? Rappelons-le encore une fois au moins, pour l'instruction de nos neveux, sinon pour nous, qui sommes tombés dans un tel aplatissement. Un poète songe-creux, Philinte tournant à tous les vents, homme de vaines paroles et de fumée; brûlant aujourd'hui, sur le fumier de la démocratie, le même encens qu'il prodiguait hier devant l'autel de la monarchie; verve éteinte, riche autrefois en harmonie, mais pauvre d'invention; se croyant homme d'Etat pour avoir fait de beaux vers, de la prose vaniteuse et menteuse, et de la plus funeste politique. Un assez bon géomètre, lisant bien dans le livre du firmament perceptible à nos yeux; mais d'une inexpérience extrême dans le livre des choses humaines Plusieurs avocats retors, identifiés avec les mauvaises causes, habitués à les plaider avec encore plus de chaleur que les bonnes, portés un instant en tête de l'insurrection par le seul mérite de leur vieux libéralisme et de leur opposition systématique à tous propos. Un ancien pion de collége, ayant fait 15 ans le métier d'insulteur public contre toutes les sommités sociales, devenu sybarite, grand seigneur et coupable de tous les défauts qu'il avait reprochés aux autres. Un saint-simonien niaisement tombé en socialisme fouriériste. Un très-méchant petit écrivain babouviste, le plus envieux, le plus corrupteur, le plus désorganisateur; en un mot, le pire d'eux tous, et qui les a un moment tous dominés par la crainte des masses qu'il avait indignement égarées et perverties sans pudeur. Un pauvre ouvrier sans aucune portée; un vaste tonneau humain cerclé pour absorber, avec le citoyen Pornin, les plus énormes orgies de l'Hôtel de Ville, illustrées par le dégoûté citoyen Chenu. Un obscur journaliste famélique, connu seulement par son insolence, son esprit envieux, sa science à culotter des pipes et les excentricités de sa moitié. Le reste ne vaut pas la peine d'être nommé. Ce n'a été que des accessoires à la traîne.

O honte indélébile pour mon pays! seras-tu jamais effacée? C'est douloureux à redire sans cesse; mais c'est le meilleur stimulant pour nous apprendre ce que nous aurions à faire pour sortir d'une pareille ignominie. Au reste, plusieurs des dignes réformateurs ci-dessus ont depuis eux-mêmes regretté leur part à l'œuvre, et rougi de s'être associés en telle compagnie. J'en excepte le citoyen Lamartine, qui ne se repent point, et vante toujours sa belle œuvre, en la chantant sur l'air de *Jocelyn* et de l'*Ange déchu*, ce qui nous y donne bien de la dévotion. Voilà les pères et parrains de notre jeune république, déjà tortue, bossue, cul-de-jatte et décrépite à ne pouvoir faire un pas sans risquer de disparaître dans la boue et le sang. Et c'est l'ancien pion de collége qui a rédigé la Constitution d'icelle ! Et maintenant qu'il s'agit d'une révision, forcée par les impossibilités et les contre-sens, nous entendons les coryphées de l'anarchie nous crier : « Arrêtez, téméraires et profanes ! Ne touchez pas à l'arche sainte, ou vous mourrez ! Gardez-vous de seulement mettre en question *les principes éternels* que nous vous avons fabriqués et imposés, ou nous allons nous lever pour vous écraser ! » Ils le feraient sans doute, s'ils en acquéraient la puissance. La vérité, pourtant, est que ces sycophantes veulent eux-mêmes, et le plus fortement, détruire république et Constitution, qui n'ont été pour eux qu'un passage, une transition nécessaire pour nous conduire graduellement à quelque chose de beaucoup pire encore, n'étant pas en force pour l'opérer tout d'un coup. C'est pourquoi ils s'opposent à toute amélioration de détail, qui pourrait ajourner leur plan. Ils savent fort bien que les partis modérés font seuls vivre la chose, bien qu'elle leur soit fatale, et que ce n'est qu'à contre-cœur, dans la crainte du pire. Aussi leur tactique consiste-t-elle à prodiguer habilement l'hypocrisie et la menace. Toutes leurs déclamations sont dans ce sens ; et il faut convenir qu'elles remplissent bien leur but, grâce aux aveugles divisions des partis et à la divergence d'intérêt des pouvoirs, trop connue et plus blâmable et dangereuse encore.

Que nous parle-t-on de révision de Constitution? Je n'ai encore vu que la Charte de 1815 qui ait pu être mutilée et replâtrée en 1830 ; et celle-ci n'a guère plus duré que la première. Toutes les autres ont été culbutées et refaites en un jour, d'un seul bloc. Ignore-t-on que la fille de M. Marrast contient des difficultés extrêmes à tout redressement? Il faut d'abord les trois quarts des voix; ce qui est rare dans notre Assemblée. Et puis après, sur quelle partie, sur quels et quels articles sera-t-on d'accord pour réviser? Dans la majorité même, les uns voudront le plus, les autres le moins. Les uns seront hardis, les autres timorés; et, après de longs et violents débats très-périlleux, on n'aboutira à rien qu'à nous laisser plus indéfiniment dans le chaos où nous sommes, avec de nouvelles alarmes de plus.

Avec des braillards tels que ceux de la Montagne, flanqués des ergoteurs sophistiques des tiers partis, je garantirais bien qu'on aura autant et peut-être plus de bruit et de labeurs pour la révision d'un seul article de la Constitution, que pour l'abolition *in globo* et la substitution complète d'une autre œuvre. N'est-ce pas ainsi qu'elles ont toutes été abrogées et remplacées? Or, je le dis ici hautement sans détour, l'œuvre babélique de 1848 étant sortie des ineptes et coupables mains que la France réprouve, je ne vois pas ce qu'on gagnerait à améliorer un édifice aussi absurde et si méprisé, tant par son usage que par son origine et ses architectes. Au nom du Ciel! plus de replâtrage! Celui de 1830 nous a conduits diatoniquement au cataclysme de Février, et le replâtrage de ce dernier nous lancerait incontinent après dans l'abîme entr'ouvert du socialisme et, pour tout dire, dans la plus affreuse guerre sociale. Par ces motifs, dont la logique est à la portée des plus simples intelligences, le plus court et le plus sûr n'est pas de réviser partiellement, mais d'abolir de haute lutte un tout si rempli de vices. Pour cela, il ne faut pas croire que la temporisation, les tempéraments et les capitulations soient le moyen le plus sage devant un ennemi qui y puise toute son audace. Je crois, moi, qu'il n'y en a plus d'autre que de mettre son chapeau de travers et charger à fond. Sans ce suprême effort, si l'on n'en est plus capable, il n'y a qu'à se soumettre et passer sous les fourches caudines de la barbarie.

Puisque, grands enfants que nous sommes, nous ne pouvons plus marcher sans lisières constitutionnelles, au lieu d'un illustre sceptre, il serait aisé de trouver dans la Constitution impériale de l'an VIII, la mieux coordonnée de toutes, dans celle de 1815 et dans quelques lopins de la présente, de quoi composer, en 24 heures, un ensemble plus rationnel, susceptible de quelque durée, et capable de satisfaire les intérêts légitimes et les idées des théoriciens honnêtes ; car, pour le reste, il n'y a pas à s'en préoccuper, rien ne lui convient que l'extrême désordre permanent. A mon avis donc, si l'on s'entendait, la meilleure chance serait d'avoir cet éclectique ensemble tout préparé d'avance, et de le substituer en une séance à cette triste chaîne que nous subissons depuis trois ans. En signe de joie de notre délivrance, je ferais tirer aussitôt cent coups de canon aux Invalides et par toute la France. Je crois que les clameurs des anarchistes seraient tôt étouffées par la voix de l'immense majorité. Bien des gens, je n'en doute point, trouveront qu'ici je vais vite en besogne. Moi, je pense que celle-ci n'est pas d'une nature où l'on puisse aller par quatre chemins. On n'y arriverait jamais ; on resterait en route dès les premiers pas. Plus j'y réfléchis, plus je suis convaincu qu'il est impossible de sortir régulièrement de l'impasse légale où nous a enfermés l'œuvre amenée par le coup de main de Février. Il faut une autre issue, avec de la résolution et de la vigueur. Au reste, cette méthode n'est pas nouvelle; car c'est ainsi que les choses se sont passées à l'enterrement de tous nos pactes révolutionnaires. Quand on a répudié les vrais principes un certain temps, et qu'on s'est jeté à corps perdu dans le faux des plus mauvais, on ne rentre pas dans les premiers par la mollesse et par des expédients à l'eau de rose. Cela a pu arriver dans des crises politiques peu animées; mais, en révolution sociale, il n'y a plus de salut que dans une grande énergie, qui réponde au moins à celle des assaillants. On me dira peut-être aussi : « Mais ces faux principes que vous frappez d'un si vif anathème, comment les distinguer sûrement des véritables? » Oh! rien n'est plus aisé! Il n'y a qu'à consulter sa propre conscience. Tout d'abord, on y sent que les faux, comme par exemple ceux que j'ai attaqués plus haut et qui nous malmènent en ce moment à grands renforts de subterfuges, ne méritent pas le nom solennel de principes. Ils portent avec eux l'évident caractère de la contrefaçon humaine; c'est-à-dire, de l'orgueil, de la passion, de la violence, du mensonge, de l'impossibilité pratique, et, par une conséquence nécessaire, d'une versatilité qui ne saurait jamais rencontrer son assiette. Ce ne sont que fictions vaines et dangereuses. On en peut déduire à l'infini d'autres de cette sorte, qui ne sont souvent que des armes à deux tranchants dans la main des traîtres et des agitateurs. Ils n'enfantent que des malheurs ou des crimes; ils ne laissent après eux que des ruines et les tortures du remords.

Alors il n'y a plus qu'à retourner vite aux réparations des vérités éternelles ; et, s'il est trop tard, il n'y a plus qu'à se repentir et mourir. C'est ce que nous voyons faire à plusieurs de nos contemporains, sans en tirer tout le profit que nous devrions, tant est grand le ravage que le faux a fait dans nos esprits ! A l'égard du suffrage universel, il y en a qui croient qu'il nous a seul sauvés au dix décembre. Possible ; mais c'est encore une question. Nous ne savons pas où nous conduira la politique personnelle du Président. Si elle est telle qu'on la dit, nous touchons à de vifs regrets et à une nouvelle crise bien terrible. Je ne dis pas, au reste, que le suffrage universel ne puisse nous sauver une fois en cinquante ou cent ans. A l'époque dont il s'agit, nous étions fort circonscrits dans notre choix ; celui que nous voulions était éliminé. La haine de la Constituante et de son œuvre avait groupé bien du monde. On s'arrêta au nom disponible le plus significatif contre la République, dont pas un des votants ne voulait. Mais attendez la seconde épreuve, et vous verrez si nous aurons six ou sept millions de voix pour l'ordre et deux ou trois cent mille seulement pour l'anarchie ; surtout si on rétablit le mode du Provisoire, comme quelques-uns le demandent. Vous verrez des chiffres bien changés, et encore plus d'absents volontaires. Le génie du désordre a marché.

Les vrais principes, bien différents des faux, ne sont pas si nombreux, ni si élastiques, ni si variables ; ils portent au front le cachet divin, et ils sont, pour toute société bien réglée, d'une fécondité incomparable. Le Décalogue seul en contiendrait assez pour gouverner le monde avec bonheur. Mais comme nos besoins se sont accrus avec notre civilisation, on peut tirer aussi des vrais principes toutes les déductions compatibles avec la raison et l'équité, et par conséquent avec le bien-être du plus grand nombre possible en cette vie si diversement agitée. Ces principes sont si simples qu'ils sont intelligibles même pour l'enfance, et qu'il est extrêmement important de les lui inculquer dès qu'elle commence à raisonner; sans quoi elle tourne bientôt au mal. Ils inspirent la bienveillance, la confiance, la vénération des choses honnêtes; et non point l'envie, la rivalité, l'orgueil, l'égoïsme, la haine et la terreur, comme font les faux dieux à l'ordre du jour. Ils sont la semence assurée de toutes les vertus. Dans la pratique, ils n'ont aucun besoin d'efforts d'esprit ni de machines pour faire leur chemin, ils vont d'eux-mêmes; ils nous tiennent en paix avec nous; ils nous assurent le plus précieux des biens, notre propre estime avec celle des autres; ils sont pour nous d'excellents guides à toute épreuve, dans toutes les situations de la fortune ou de l'adversité. Il est impossible d'en détruire le sentiment une fois introduit dans notre âme. Quant à celui qui les renie, tenez pour certain que ce n'est pas sans remords, quoi qu'il dise et qu'il fasse, et que vous avez affaire à un méchant ou à un fou, à qui nul homme sage n'oserait confier sa vie, son honneur, son bien, sa femme ou sa fille. Rien ne peut les suppléer. Que pourrait-on jamais, par exemple, mettre à la place de ceux-ci, éternelle base de tous les autres? savoir: la sainte et sublime croyance en Dieu et en l'immortalité de l'âme; l'obéissance aux autorités établies, religieuses et civiles; le respect inviolable de la vie et du bien d'autrui; l'amour du prochain et le secours qui dépend de nous quand il en a besoin, etc.

De ces premiers rudiments indispensables à toute civilisation, et véritablement émanés d'en haut, découlent comme de source la paix et la justice distributive entre les hommes, en raison de leurs mérites et droits réels; mais en raison directe et non inverse et imaginaire, comme le demandent les démolisseurs : ce qui serait le comble de l'iniquité et de la confusion ; la protection ferme et constante des bons, et la compression, au besoin le châtiment des méchants ; enfin, pour abréger, tout ce qui peut se déduire dans cet ordre d'idées visiblement divin. Oui, divin, en dépit des sycophantes qui le contestent vainement ; car les hommes ne l'eussent point trouvé seuls dans leur propre fond, trop enténébré dans la matière. Ils ne l'ont bien connu que par l'Écriture, et encore qu'à demi avant la venue du Christianisme, qui a été beaucoup plus explicatif et plus précis que tout le passé. On en peut conclure avec certitude que toute société, tout parti politique, tout corps social, toute association ou communauté quelconque qui désertera ces principes ou qui prétendra se régénérer sur d'autres bases, périra misérablement avant le temps qui lui aura été assigné.

Telle est sommairement la physiologie des partis comme ils m'apparaissent. Tels sont aussi les énormes écarts que l'on commet si communément dans la confusion des vrais et des faux principes. Les derniers sont tellement incompatibles avec les premiers, qu'ils les violent ouvertement pour notre malheur commun. Je m'étonne en vérité qu'il n'y ait pas plus d'esprits qui s'en révoltent. Je ne me lasse point de le crier, sans me dissimuler que je prêche à peu près dans le désert. Notre aveuglement est si grand, notre corruption est si profonde et si répandue, que, malgré les faits de chaque jour, malgré les terribles conséquences qui nous menacent, je suis persuadé que ces douloureuses peintures passeront encore, chez beaucoup de gens, pour des exagérations déclamatoires de rhéteur morose ou visionnaire. Certes, par le temps qui court, les écrivains moralistes n'ont pas beau jeu, surtout parmi les laïques. Qu'ils ne cessent pas pour cela de travailler contre l'esprit du mal, ne fût-ce que pour l'acquit de leur conscience. C'est un devoir rigoureux dans le péril où nous sommes. Mais qu'ils ne se flattent pas d'un grand succès. Des préoccupations dévorantes et le souffle empesté des enfers effaceront l'empreinte de leurs plus salutaires inspirations. Heureux si leur sévérité importune échappe aux vengeances! Quelques Épicuriens orléanistes et voltairiens pourront bien me reprocher de presser un peu trop l'argument dans plusieurs de mes chapitres. Ils iront peut-être jusqu'à me traiter de fanatique religieux ou politique, et je ne m'en étonnerai ni ne m'en fâcherai. Fanatique! pourquoi? Parce que mon cœur ressent contre le crime *ces haines vigoureuses* louées par un grand poète. Parce que j'ose attaquer l'égoïsme, le mensonge et l'erreur, qui nous gagnent de vitesse si évidemment. Parce que je leur préfère les vérités éternelles auxquelles j'espère avec amour faire éternellement ma cour dans une vie meilleure. Allez, pauvres particules de matière sensuelle qui y plongez votre âme, j'ai pitié de votre briève opacité; car il ne dépend pas de vous d'anéantir cette âme, et elle verra bientôt la lumière pour votre malheur. Vous ne faites que passer dans les ténèbres d'ici-bas.

L'intelligence des nécessités de la situation gagne les plus hauts lieux. La division est partout; elle semble poindre jusque dans l'Eglise. On y a prêché l'obéissance passive, et en même temps la plus complète indifférence pour tout mode de pouvoir temporel de quelque nature qu'il soit, et quelle que soit aussi la répugnance intime. On ne voit pas que cette abstention de discernement, ou, pour mieux dire, cette confusion, si elle était admise généralement dans le clergé, nous conduirait infailliblement aussi à l'indifférence absolue envers toute autorité spirituelle et à l'abandon de toute religion. On ne voit pas qu'en isolant ainsi moralement les deux pouvoirs et subordonnant pourtant machinalement l'un à l'autre, je veux dire l'immuable au transitoire, ce qui est encore pis, c'est les ruiner, c'est les désarmer tous les deux, au seul profit de l'anarchie qui nous déborde, et c'est lui faire la plus belle main du monde.

On ne voit pas que les deux autorités, issues de la même origine toute divine, sont comme deux sœurs jumelles qui se doivent un mutuel appui toutes les fois qu'elles sont attaquées, soit individuellement, soit en commun, et que sans cela elles seraient détruites depuis longtemps par la barbarie. Que le spirituel ne cherche plus à dominer le temporel, à la bonne heure ; puisque cela est contraire aux idées de notre temps, bien que cette suprématie ait sauvé autrefois bien des peuples de la chrétienté. Mais que le temporel n'usurpe pas non plus dans le domaine du spirituel, qu'il ne cherche pas à l'asservir, qu'il ne l'abandonne pas à la risée et aux attaques multipliées de l'impiété ; qu'il ne tolère pas contre le Christianisme le perfide ergotage des Quinet, des Michelet, des Jacques et de tous les cuistres gagés de l'Université, devant la jeunesse ; qu'il ne livre pas la religion nationale pieds et poings liés aux coups de la presse famélique, et de ces faux philosophes qui, feignant de ne s'en prendre qu'à la superstition et à des choses même tombées depuis longtemps en désuétude, battent réellement en ruine toute croyance en Dieu et toute idée religieuse. On reconnaîtra trop tard les funestes suites d'un machiavélisme qui tend à faire de tous les peuples des troupeaux d'athées et de pourceaux d'Épicure. Enfin, que l'autorité spirituelle subisse la forme gouvernementale, si vicieuse qu'elle puisse-être, il le faut bien quand on n'a pas en main la force matérielle : mais alors qu'elle n'en sanctionne pas les principes en les admettant ; car ce serait marcher côte à côte avec un compagnon bien compromettant, et gare la fin du voyage !

Ce n'est pas tout. On veut que les lévites s'abstiennent hermétiquement de toute action et influence politique dans les élections et ailleurs. C'est-à-dire qu'on en veut faire des Parias, comme s'ils étaient absolument sans intelligence et sans intérêt dans les affaires de ce monde ! comme s'ils n'y étaient pas, au contraire, d'un très-grand secours obligé pour la défense de l'ordre menacé ! On leur permet seulement de garder par-devers eux leur opinion intime. Voilà à coup sûr une liberté bien stérile, et le despotisme révolutionnaire ne s'offusquera pas de celle-ci. Mais par quelle autorité, par quelle raison prétend-on leur interdire un droit que la loi leur reconnaît formellement, même avec une faveur marquée ? Un prêtre n'a pas besoin des trois ans de domicile ; il est appelé à voter dans le lieu où il exerce son ministère, quelle que soit la durée de sa résidence, de même que les fonctionnaires publics. Le législateur a senti l'extrême besoin et la valeur de leur suffrage. C'est donc pour eux plus qu'un droit, c'est un devoir rigoureux. L'abstention qu'on leur demande, très-illégalement d'ailleurs, est non-seulement un tort grave envers la société, surtout dans le péril où elle se trouve, c'est un suicide. La position exceptionnelle de Monseigneur de Paris n'est point une excuse pour une pareille exigence. Quand on est placé si haut, cela tire trop à conséquence pour les autres siéges, et ne peut que les affaiblir et les entraver dans la politique toute contraire de leur zèle légitime. Il est bien certain que si tous les Évêques de France et autres pays révolutionnés suivaient certaines prescriptions du mandement de Monseigneur de Paris, c'en serait bientôt fait de la société et de toute la civilisation chrétienne. Tous ceux qui observent à fond le nombre et l'esprit de ses ennemis, et qui ont de bonnes intentions avec l'expérience des affaires et des hommes de ce temps, en sont convaincus comme moi. Aussi le mandement dont il s'agit a-t-il produit une immense et douloureuse sensation. Je ne crains pas de le dire ici, quel qu'en soit mon regret ou le blâme que j'en puisse encourir d'un ou d'autre côté, parce que c'est à mes yeux une vérité d'une importance extrême, et je ne les épargne pas quand elles me semblent telles.

Le mal, le grand mal que l'on aurait dû prévoir par mille exemples passés, c'est que tous les échos du Socialisme, de la Montagne et autres sectes anarchiques, se sont emparés de ce document pour le paraphraser jusqu'à l'abus, comme ils font toujours dans tout ce qui les favorise. A cet égard, ils ont beaucoup plus d'instinct que le parti de l'ordre pour saisir du premier coup d'œil ce qui aplanit les obstacles à leur marche destructive. Aussi, les voyons-nous exalter ce mandement et son auteur avec une joie perfide, qui fait gémir les bienintentionnés clairvoyants. Ils prétendent l'imposer comme règle canonique à tous les évêques et à leurs subordonnés. Ce retentissement a gagné l'Italie, et le radicalisme protestant de la Suisse vient lui-même de s'en emparer pour y annihiler le Catholicisme.

Un si déplorable effet doit faire ouvrir les yeux au siége de Paris ; d'autant plus que les ovations éphémères de cet implacable carbonarisme étranger à toute reconnaissance, sont déjà un premier châtiment précurseur de bien d'autres plus sérieux, s'il venait à triompher. Aurait-on cru par là mettre soi et son clergé hors de cause dans le sinistre avenir que l'on redoute ? D'abord, ce serait une funeste erreur, parce que l'Église, avec tous ses monuments, sera chez nous, du moins matériellement, la première institution détruite si l'anarchie l'emporte. C'est le premier article du programme qu'elle ne cesse de publier officiellement bien haut. Et chacun sait quel est le caractère outré des principaux chefs et de leurs nombreux séides. Tous ces exterminateurs, comme les plus violents, seraient infailliblement les maîtres peut-être tout un mois ; mais comme ils ne sont point manchots, et sont, au contraire, les démolisseurs les plus expéditifs que l'on ait encore vus, il ne leur en faut pas davantage pour nous faire des ruines pour un siècle à réparer. Alors, il n'y aura plus ni religion, ni prêtres, ni cathédrales, ni chapelles. Il n'y aura que les hiérophantes du Communisme, qui se couperont la gorge entre eux quand ils auront décapité l'ordre social. Pourrait-on aller jusqu'à s'y associer, de gré ou de force, pendant la tourmente ? On a trop d'esprit pour cela, et, sans doute, une religion trop éclairée, je le crois. On sent bien que, même en abjurant sur tel ou tel point, on ne ferait qu'un de ces mauvais ménages où l'on perd à la fois la vie et l'honneur. En second lieu, dans l'hypothèse qu'on aurait eu l'idée trompeuse de se mettre hors de cause, si la chose était possible, ce que je nie avec assurance, on encourrait encore le reproche d'égoïsme de corps ou personnel, qui ne serait pas sans fondement aux yeux des malheureux défenseurs de l'ordre ainsi abandonnés dans un temps où l'Église a besoin d'être plus que jamais militante. Tout le bruit qui se fait à l'occasion de cet incident, et l'abus qu'en font les anarchistes de toutes nuances, sont donc deux choses excessivement déplorables. Cela consterne une foule d'honnêtes gens dévoués, parce qu'ils s'imaginent, à tort, j'aime à le croire, qu'on a entendu servir, par faiblesse ou autrement, un parti aussi volage que violent dans ses caprices, qui se brise lui-même quand il n'a plus rien à détruire ailleurs, et qui, pour le moins, ne manque jamais de blesser et salir tout ce qu'il touche. Ce qui ajoute au malheureux effet de ces concessions ou capitulations, comme on voudra les envisager, c'est que les Voltairiens, la plupart sybarites et non socialistes, toujours mûs par leurs vieilles préventions, s'en prévalent aveuglément eux-mêmes, aussi bien que les Universitaires, pour continuer à saper l'antique influence du clergé, sans songer que ses doctrines immuables sont aujourd'hui la meilleure défense des avantages sociaux dont ils jouissent, et bien autrement puissante que les lois sans cesse remaniées. Un écrivain laïque, d'ailleurs fort estimable, s'il n'était pas trop souvent dupe de ses propres théories, ne vient-il pas de nous dire, de son côté : *Qu'il y avait un Socialisme légitime, et que la Légitimité était socialiste.* Voilà, certes, des mots fort étonnés de se trouver ensemble, quelque explication qu'on y accole. Aussi, un sophiste très-roué s'en est-il emparé aussitôt, et a battu l'autre sur ce point. Étrange manie de chercher à plaire à de pareils sectaires !

Autre fait aggravant et non moins triste. Un de nos plus illustres prélats, par sa profonde piété, sa longue expérience, son savoir et son talent connu comme écrivain, pressé par sa conscience, justement inquiet des conséquences d'une doctrine si inattendue surgissant tout à coup au milieu de nos funestes divisions, Monseigneur de Chartres a cru ne pouvoir se dispenser d'en discuter les points les plus contestables et d'en démontrer le danger et la plus grande inopportunité. Il l'a fait avec son courage ordinaire, et, d'ailleurs, dans des termes parfaitement mesurés. Mais, il faut tout dire : Monseigneur de Chartres s'est trouvé là dans une position fausse et bien délicate, parce que le suffragant a eu l'apparence de manquer à la hiérarchie envers son métropolitain. Peut-on le condamner? Si Monseigneur de Chartres se fût borné à critiquer d'homme à homme le mandement qui venait de recevoir par la presse rouge une publicité extrême et approbative, le mal qu'il y voyait n'aurait pas eu le moindre contre-poids. Il est en révolution des nécessités si malheureuses, qu'elles forcent parfois les meilleurs esprits à sortir des règles qu'ils sont les premiers à faire respecter en temps ordinaire. Cependant, le métropolitain n'a pas eu égard aux circonstances atténuantes, j'ose même dire très-justifiantes, et il n'a pas hésité à traduire *ab irato* le suffragant au concile provincial. Le public malin et le public honnête ont cru voir dans la mesure un ton de persiflage pour l'âge et l'expérience de l'illustre prévenu. Les motifs de l'exploit tirés des actes du Concile de Trente, n'ont pas paru non plus bien satisfaisants dans l'occasion et l'espèce. On a remarqué aussi que Monseigneur de Paris venait d'obéir sans difficulté, dans sa cathédrale, aux ordres des héros de Février, et qu'il avait béni, avec toutes les apparences de la bienveillance, une manifestation partant pour la colonne anarchique de juillet, et frisant elle-même l'insurrection au point de donner de la tablature aux dépositaires de l'autorité. Or, d'après ces faits et ces apparences, il ne faut pas être surpris des dissolvants commentaires que l'on entend de tous côtés. Des publicistes laïques, eux-mêmes alarmés de ce dangereux état de choses, ont voulu le représenter dans leurs colonnes amies de l'ordre. Le siége de Paris leur a interdit aussitôt toute discussion, sous des menaces sévères. C'est du moins ce que nous ont divulgué les journaux. Ainsi, en cette affaire, il n'y aurait de libre et licite que les louanges perfides de la presse rouge! Est-ce donc là la liberté que nous promettent les novateurs?

Autre chose encore. Dans une grande réunion convoquée à la Madeleine, on a recommandé au clergé de demander aux riches l'abandon de tout leur superflu. Leur superflu! c'est d'abord fort difficile à limiter pour soi-même, et ensuite fort dangereux si l'on en livre publiquement l'appréciation aux masses envieuses contre ceux qui possèdent. Cela n'est ni prudent ni sage en temps de communisme. Je l'ai dit bien des fois, il y a bien des gens qui font contre eux-mêmes du socialisme sans le savoir et sans le vouloir. Au reste, le superflu diminue tous les jours par les belles théories que l'on semble favoriser. Ignore-t-on, d'ailleurs, que les riches le dépensent outre-mesure en se ruinant pour la plupart, les uns en actes de bienfaisance, les autres en objets de luxe qui alimentent le travail d'un million de familles ? Il semble qu'on ne veuille plus que des riches pauvres, et les remplacer par des pauvres riches. Mais quand il n'y aura plus de riches, il ne restera que des pauvres sans ressources. A coup sûr, cette méthode n'est pas propre à diminuer le paupérisme volontaire qui nous envahit! Le luxe effréné, contre lequel je crie tout le premier, vaudrait beaucoup mieux ; car, après tout, il contribue fort à empêcher le chômage des ouvriers honnêtes, classe qui mérite le mieux l'empressement des hommes d'État. Je connais beaucoup de pauvres, et j'en assiste quelquefois selon mes moyens : il y en a de fort intéressants que l'on ne peut délaisser que par ignorance ou mauvais cœur ; il y en a beaucoup aussi de fort peu recommandables, parce qu'ils ne le sont que volontairement, par fainéantise, par mauvaise conduite ou par un indigne calcul. Le nombre de ces derniers s'accroît tous les jours par l'esprit des théories socialistes, qui soulèvent leurs absurdes prétentions de vivre commodément à ne rien faire ni pour eux ni pour les autres. C'est à dégoûter la charité la plus invétérée. J'en ai vu qui venaient demander de l'ouvrage, et qui seraient bien fâchés d'en trouver ; ils le refusent même quand on les met au pied du mur. Ils vous avouent ingénument qu'ils ne conçoivent pas de meilleur métier que le vagabondage et la mendicité ; et quand ils l'ont fait seulement un mois, ils n'en veulent plus d'autre toute la vie. J'habite en ce moment une grande ville où la charité, les aumônes, les secours de toute espèce et sous toutes les formes, sont portés à un chiffre fabuleux ; les subsistances y sont à vil prix, et jamais on n'y avait vu, un nombre de pauvres si croissant. *Est modus in rebus.* L'aurait-on dépassé ? Il est vrai que la très-honorable ville de Nantes, dont je parle ici, est peut-être aujourd'hui la meilleure cité de France, par le bon esprit de sa population et par les généreux penchants des classes supérieures ; ce qui, à ma connaissance, fait un honneur bien mérité à son digne clergé, parfaitement dans son rôle sacré. Donc, s'il y a de mauvais riches, ce que je ne conteste point, il y a aussi de très-mauvais pauvres qu'il est aussi injuste qu'impolitique d'insurger en les prônant à tout propos. On aura beau déclamer, on ne fera jamais que les derniers aient le droit de dépouiller les premiers. Cela est interdit par les lois, d'après Jésus-Christ lui-même, qui fait en cent endroits un cas de damnation contre quiconque usurpe le bien d'autrui. Il est horrible de voir d'hypocrites socialistes s'efforcer de profaner l'Évangile en l'adaptant à leurs théories spoliatrices et insensées, contre sa lettre et son esprit, si clairement tracés de la main même du souverain Maître de nos âmes. De l'avis de bien d'autres observateurs que moi, c'est une grande imprudence, dans le temps actuel, que de prêter au parti de la destruction un certain secours, en tonnant sans cesse dans quelques chaires contre les riches, sans tomber au moins de même sur les mauvais pauvres. Les prédicateurs ne sauraient trop y prendre garde. Sans doute il sera toujours très-louable de stimuler les bons mouvements des premiers en faveur des derniers ; tout cœur bien placé n'a qu'à y applaudir ; mais si l'on veut pousser les choses jusqu'à la rigueur, on manque son but et l'on révolte la bienfaisance même. La vérité est que le bon et le mauvais usage de la richesse est un compte qui ne se peut et ne se doit liquider qu'en l'autre monde.

L'Église ne saurait donc trop se garder de toute apparence de collusion, de concession, d'affinité ou de simple complaisance plus ou moins pusillanime avec un parti composé de sectes véritablement immondes, qui, lors même qu'elles triompheraient un instant, passeraient aussitôt comme un torrent dévastateur ne laissant que l'horreur après lui. C'est bien ici le cas de dire qu'il ne faut pas que la femme de César soit seulement soupçonnée; et nous savons tous que l'Église est en figure et en réalité l'épouse de Jésus-Christ. La moindre innovation ou altération dans la doctrine serait la chose du monde la plus grave en conséquences. Que si dans les usages il y avait des choses peu compatibles avec les temps présents, le plus sage serait encore de les laisser simplement tomber en désuétude, en évitant de les livrer à la discussion publique. C'est ce qui a été fait dans les siècles précédents pour divers changements qui ne touchaient point à la doctrine. Enfin on remarque avec inquiétude certains indices d'un néochristianisme qui semblerait descendre de la chaire. Récemment, un brillant orateur, qui n'est pas toujours orthodoxe, au sentiment de bien des théologiens que j'ai vus, a tonné aussi d'une façon absolue contre ce qu'il appelle *l'insolence* des riches. Il ne reconnaît guère de mérites et de vertus que dans la multitude des pauvres et des travailleurs. En ce temps-ci, cela peut bien être fort satisfaisant pour les sectes socialistes, qui sur ce point tiennent exactement le même langage; mais on conviendra que c'est peu rassurant pour les classes qui possèdent et en général pour les bases de la société. L'éloquent rhéteur sacré ne s'en est point tenu là : il a cru en conséquence devoir élargir considérablement les portes du Ciel, qui jusqu'à ce jour n'avaient pas été un passage si facile à franchir, selon Massillon, Bourdaloue, Bossuet, les Pères grecs et latins, l'Évangile et Jésus-Christ lui-même, qui exigent autre chose que les désirs et les travaux manuels, tout louables qu'ils sont. Il admet aussi la perfectibilité indéfinie de l'homme en toute condition. Cela est assez conforme aux doctrines des sophistes qui nous envahissent; mais peu propre à modérer les désirs, les besoins et les exigences des masses. Je ne sais où cela s'arrêtera, et je doute que cela les mène au bonheur.

Sur ces diverses observations, bien des croyants alarmés se demandent avec anxiété : « Qu'est-ce que tout cela signifie? » Est-ce une simple aspiration à cette popularité qui coûte si cher et dure si peu ? Ne serait-ce point le commencement d'un nouveau schisme de réforme prétendue, faisant suite à Luther, Calvin, Henri VIII, Élisabeth, Voltaire et Fourier, pour éterniser l'orgueil et la discorde entre les malheureux mortels? » Non, ce ne sera pas! Non, c'est impossible. Qu'on se rassure; toute entreprise de ce genre se briserait devant le sage et pieux clergé de France, aussi puissant par ses vertus que par sa légitime influence. Certes, il ne subirait pas les doctrines ou influences religieuses du général Cavaignac et des autres patriarches du *National* ou du *Siècle*. Au reste, si ces maîtres-là revenaient au pouvoir, ils ne tarderaient pas à exiger du clergé ce qu'ils voudraient lui interdire aujourd'hui, et ils en auraient encore plus besoin que les pouvoirs légitimes pour se maintenir.

Je m'arrête à cet endroit. Ce sujet me fatigue, et j'ai beaucoup hésité à prendre la plume sur cette matière.

Je ne l'ai fait qu'à contre-cœur, par les mêmes motifs qui paraissent avoir déterminé Monseigneur de Chartres. J'ai considéré que, cette discussion étant devenue très-publique, il n'y avait plus d'indiscrétion. J'ai cru aussi que j'avais bien le droit et même le devoir d'y prendre part, puisque, suivant le bon mot de M. de Montalembert, nous sommes tous sur le même radeau. Je n'en parle, au reste, que d'après la politique et le bon sens d'un simple laïque. Je ne suis pas théologien; et si je me trompe ou suis trompé sur quelque point, on n'a qu'à me le montrer, si on y attache quelque importance, et je serai heureux de m'en rétracter aussitôt. Je sens d'ailleurs que, dans un temps si malheureux, il faut bien faire une part aux difficultés et aux essais, pour les tourner quand on ne peut les vaincre de front. Je reconnais parfaitement que, devant une population gangrenée, il est besoin d'autres termes que devant une population saine, et que là-dessus il faut laisser une certaine latitude aux supérieurs qui ont la responsabilité de la conduire.

En ce qui concerne Monseigneur l'Archevêque de Paris, auquel j'ai fait plusieurs allusions, je serais désolé que mon lecteur y vît aucune intention agressive. Je suis très-loin de là. Je n'ai jamais eu l'honneur d'approcher de Sa Grandeur, et je n'ai non plus aucun grief personnel. Je tiens Monseigneur Sibour pour un digne prélat, homme de foi et d'une très-grande capacité. J'honore sincèrement son caractère ; et si j'y manquais, je lui en ferais bientôt des excuses publiques : mais je n'ai pu dissimuler le chagrin que j'éprouve, avec tant d'autres, sur la politique qu'il semble suivre. Je le dis sans détour, parce qu'en ceci nous sommes hors du domaine purement spirituel. Sa Grandeur entreprendrait en vain de me persuader que la nature de tel ou tel pouvoir est indifférente pour la religion comme pour les peuples, et que les rapports doivent être en tout cas les mêmes ; que, dans le péril commun, l'Église doit se mettre à l'écart et laisser l'autorité temporelle seule dans l'embarras ; que les prêtres, bien qu'ils soient aujourd'hui soldés par l'État et nonobstant leurs sentiments intimes, doivent s'abstenir de toute action et influences politiques ; enfin renoncer à leurs droits et à leurs devoirs civiques les plus essentiels. Je dis que pour quelques-uns ce serait favoriser un égoïsme malentendu, que pour tous les autres ce serait une tyrannie extra-légale capable d'anéantir la juste et salutaire influence du clergé ; que rien ne saurait être plus favorable aux partis démolisseurs que de pareilles prohibitions séparatives ; que, pour les deux autorités religieuse et civile, pour tout le corps social en un mot, n'en déplaise à M. Cavaignac, que j'ai quelque raison de soupçonner en cette affaire, c'est commettre un véritable suicide, sans pouvoir m'expliquer pourquoi. Je n'en démordrai pas. J'ai une trop longue expérience pour cela en administration et en révolutions. C'est, je ne le cèle pas, avec une douleur amère que je vois un prince de l'Église, le successeur immédiat du dernier martyr de nos discordes, d'ailleurs plein de mérite, donner dans cette erreur fatale pour lui-même ; car elle pourrait entraîner ou affaiblir plusieurs de ses nobles confrères, et jamais le corps social n'eut autant besoin de l'union et du concours ferme et intelligent de toutes ses forces. Nous touchons à une crise redoutable. Déjà les mugissements de la tempête se font entendre sur tous les points de l'horizon. Il ne se passe guère de jours qu'ils ne se répètent comme les éclairs précurseurs de la foudre. Il m'est impossible de ne les point voir et ouïr, et de n'en point tirer les plus graves conséquences. Mes yeux, mes oreilles et mon sens intime seraient-ils organisés différemment des autres hommes? Je le leur laisse à juger, et je passe à un autre sujet non moins triste.

CHAPITRE V.

Sommaire. — De la fusion manquée ou différée ; esquisse sur l'usurpation continue de la maison d'Orléans.

Nous voyons dans ce moment sur la scène du monde politique un enchaînement de faits continus véritablement incroyables, s'ils n'étaient pas trop patents. Ils attestent en haut lieu un égoïsme poussé aux dernières limites de l'injustice, de l'avidité mal raisonnée, de la mauvaise entente de la situation tendue où nous sommes près de nous abîmer, et, qui plus est, de l'anti-patriotisme le plus évident. Malgré de rudes leçons méritées, et de plus terribles présages encore, une branche considérable de la plus illustre famille de l'univers, après s'être mise autrefois à la tête de la dissolution sociale, après l'avoir exploitée depuis pendant dix-huit ans dans ses coupables intérêts particuliers, à l'aide d'une nouvelle révolution où elle n'a pas été encore innocente, semble vouloir se mettre aujourd'hui au service ou à la queue du grand désordre progressif qui en est sorti, dans le fol espoir sans doute de l'exploiter encore une fois. C'est un scandale immense, qui ne peut qu'accélérer notre décomposition. C'est un égarement funeste, qu'il importe d'éclairer sans délai ; car il est déjà bien tard, pour l'honneur des impliqués. Il faut parler. Il faut attacher le grelot, ne fût-ce que pour avertir ceux qui auraient trop de confiance au milieu d'une si dangereuse complication. La tolérance et le respect ont des bornes, devant un acharnement obstiné de torts qui détruisent les dernières espérances de la patrie par les mains mêmes de ceux auxquels le sang et le rang imposent impérieusement le devoir de tout faire pour son salut, sous peine des justes malédictions de l'avenir.

Serait-il donc vrai, comme je l'ai entendu dire si souvent, que la maison d'Orléans est née pour le malheur de la monarchie, d'autres disent de la France? Serait-il vrai que, non rassasiée de ses vastes domaines, bienfaits de ses aînés, elle entendrait continuer contre eux cette longue trame de noires perfidies qu'elle a ourdie dès la fin du dernier siècle, et qui a amené tous nos malheurs et nos plus grands crimes depuis plus de soixante ans? Serait-il vrai que, par une nouvelle usurpation de famille, la plus détestable de toutes, on s'imagine encore, à l'aide d'un parti décrié et déserté par ce qu'il eut de plus estimé, pouvoir arriver à confisquer définitivement à son profit monarchie, république, et toutes nos révolutions, auxquelles on n'a coopéré que pour les escamoter? Et cela, notez-le bien, Français qui avez conservé de l'équité, en prétextant de mesquins subterfuges qui ne soutiennent pas un instant d'examen, qui violent ouvertement les lois et les antiques traditions nationales, et qui, enfin, seraient un crime punissable de la part d'un particulier, à plus forte raison de la part de princes placés sur les marches d'un trône de quatorze siècles, renversé plusieurs fois par la violence d'une implacable minorité factieuse, mais non détruit dans les regrets et les besoins des peuples.

Tout le monde pressent qu'il en faudra revenir au

principe du pouvoir légitime héréditaire. Tous les gens sensés, non imbus des préjugés révolutionnaires, appellent ce retour avec impatience, parce qu'ils comprennent que cela vaudrait infiniment mieux avant qu'après la grande débâcle qui nous menace ; que ce serait un moyen de la prévenir, et le plus puissant agent de conciliation générale entre les esprits et les intérêts : lesquels, après tout, ne sont plus divisés que par des malentendus et de vieilles préventions surannées, que les partis honnêtes auraient bientôt oubliés, une fois réunis en un même faisceau sous le drapeau de la monarchie. Certes, pour les princes d'Orléans, l'occasion d'effacer des torts multipliés de la part de leurs auteurs et de se légitimer eux-mêmes était superbe. On dit leur accession à la noble voix de leur chef naturel et légitime manquée ; soit par refus formel de s'y rendre, soit par une inertie calculée. Je ne sais lequel ; mais il y a toute apparence de l'un ou de l'autre : car, encore une fois, il est déjà bien tard. Il ne fallait seulement pas délibérer, il fallait courir. On a fait le contraire. On a suivi de mauvais conseils intéressés, peut-être d'incurables penchants de naissance et d'éducation. Quoi qu'il en arrive à présent, il en restera un très-fâcheux relief de personnalité insatiable autant qu'illégitime. C'est là un bien funeste exemple, en bonne politique comme en morale, par le temps qui court. Et puis, qu'on vienne se plaindre de notre rapide dissolution sociale ! On y a donné le branle autrefois, et on y cherche encore son bénéfice ! Les païens furent plus généreux. Ils nous ont laissé d'autres exemples. Je n'en citerai que deux : Deux armées ennemies allaient en venir aux mains ; l'Oracle avait annoncé que celle dont le roi périrait aurait la victoire. Des deux côtés on signale les deux princes, pour éviter de toucher à leurs personnes. Codrus, l'un deux, imagine de se déguiser en paysan, va chercher querelle à un soldat et se fait tuer. Un autre apprend que sa nation est en danger s'il ne périt pas. « A cela ne tienne, » répondit-il, et à l'instant il se passa son épée au travers du corps. Les héros d'abnégation, si communs chez les anciens, sont rares, à ce qu'il paraît, dans la maison d'Orléans. On y a mal appris ou mal goûté ces sublimes exemples, puisque l'on y continue à revendiquer des droits que l'on n'a même pas. On en a joui, il est vrai, pendant quelques années ; mais ce n'est qu'un titre de moins : car ce n'a été que par une astucieuse usurpation flagrante, qui nous a conduit au chaos où nous sommes; et justice en a été faite par le peuple avec un tel mépris, qu'il est bien étonnant que l'on songe encore à lui réimposer une si criante illégitimité. Au cas où l'on y parviendrait, je garantirais bien un nouveau châtiment, plus prompt et plus sévère encore.

Il faut parler sans contrainte, pour montrer l'aveuglement et l'obstination d'une trop coupable poursuite. Il faut couper court, s'il est possible, à des intrigues si contraires à la morale et aux intérêts publics. Je ne suis ni l'ami, ni l'ennemi de la famille actuelle d'Orléans. Je sens seulement de quel prix elle pourrait être en France, si elle marchait dans une autre voie que ses aïeux. J'ai dit dans mes précédents écrits comment ils avaient brisé ma carrière, sans égard à mes anciens services, qui n'avaient pas été pour eux, comme ils ont fait à tant d'autres qui n'avaient servi que l'État, non leur politique personnelle. Il fallait faire place aux créatures du Palais-Royal affamées de toutes les positions. On sait quel monopole et quel népotisme ont été exercés durant tout le dernier règne. On sait quelle Saint-Barthélemy a été accomplie, dès d'abord, sur tous les fonctionnaires légitimistes, bonapartistes, républicains, etc. qui n'ont pas voulu applaudir à l'usurpation de 1830 ; ce qui a contribué à sa chute. Toutefois, dans l'inextricable crise où nous sommes, je leur avais sacrifié mes anciennes répugnances et mes récents griefs sur l'autel de ma patrie, qu'un honnête homme doit toujours regarder avant tout. J'ai désiré avec tous les esprits sérieux, j'ai prêché la conciliation des deux branches de l'antique maison royale. Je la désire et je la prêche encore, pourvu qu'elle soit sincère, loyale et non plâtrée, comme il y aurait lieu de le craindre à voir les incroyables difficultés ou atermoiements que l'on y apporte en ce moment solennel d'une épreuve concluante. Oui, malgré mes appréhensions, je la désire et je la prêche toujours, cette fusion ; parce que je crois qu'il n'y a point d'autre solution capable de replacer la France dans son ancienne dignité. Mais, si les cadets ne rentraient que pour ne tendre que des embûches sous les pas de leur chef, mieux vaudrait cent fois s'en passer, et chercher d'autres successeurs au comte de Chambord, pour cause d'indignité de ses héritiers naturels. C'est une opinion qui se répand beaucoup depuis les inqualifiables retards apportés à une fusion si vivement désirée par les partis honnêtes ; et il y a dans nos codes une disposition exhérédente dans les cas analogues à celui-ci.

Quelques-uns me diront peut-être : « Mais ne vous abusez-vous pas, si vous croyez que la solution serait forcée immédiatement après la fusion ? » Telle n'est pas ma prétention. Je connais trop les hommes de mon temps. Mais je soutiens que, dans la crise de 1852, la chose pourrait cependant aboutir si nous avions plus d'énergie, et que nous pourrions être alors fort heureux de l'avoir ainsi toute préparée d'avance, et partant beaucoup plus forte qu'étant fractionnée comme elle l'est par l'incertitude. Je soutiens que si la solution était encore reculée par les passions dominantes, elle n'en demeurerait pas moins ultérieurement et constamment une ressource suprême, et que c'est vainement que ces passions s'efforceront de nous enchaîner à jamais à leurs misères et au joug intolérable de leur anarchie. La nation elle-même, déjà si fatiguée, le brisera de façon ou d'autre. Enfin, je soutiens que, quand bien même le grand acheminement dont je parle serait encore prolongé, ce que personne n'est en état d'affirmer avec autorité, il n'en produirait pas moins l'avantage précieux de rétablir la morale publique, trop longtemps blessée dans les plus hauts lieux, d'où sont descendus ensuite les funestes dissolvants qui nous ont perdus. Cela seul suffirait pour déterminer une foule de rapprochements dans tous les éléments honnêtes de la société, redresser leur jugement affaibli par tant de changements illégitimes, enfin les rallier et les rendre capables de résister à l'invasion des barbares du dedans et du dehors. Dans tous les cas, cette œuvre ne saurait être stérile de tous points.

Pour mon compte, que la fusion ait lieu ou non, je n'ai rien à lui demander pour moi personnellement. Personne n'y saurait être plus désintéressé. Tout ce que j'y cherche, est la paix, le bien-être et l'honneur perdus de mon pays. Mon rôle, je le crois, est fini en ce monde. J'approche du terme de ce séjour agité : et s'il me reste encore quelques facultés, elles ne troublent plus mon âme, elles ne l'embarrassent plus ; je sais où les employer tranquillement, ne pouvant mieux. Ainsi, dans l'exposition qui va suivre, mon témoignage et mes opinions ne devraient pas être suspects de partialité injuste. Je ne parlerai que d'après des faits avérés et plus ou moins connus, sans aller fouiller dans les archives secrètes que je ne suis pas en position de compulser. J'aurais alors bien d'autres choses à dire, si cela était utile. Le jugement de mon lecteur et ses sentiments peuvent être différents des miens, sans que pour cela je prétende les condamner ; mais je le prie au moins d'être certain que je suis incapable de rien écrire qui ne parte du fond de ma conscience. J'ai à dérouler une longue chaîne de faits douloureux qui ont causé une grande partie de nos maux. Je n'en connais pas tous les anneaux, et ceux dont je n'ai qu'une idée trop imparfaite, je les omettrai ; car je répugne aux couleurs du libelle, genre qui m'est odieux. Je ne ressens aucune haine pour les personnes ; je n'en ai que pour le crime, et quelquefois de la pitié, quand il est arrivé au repentir. Je ne dirai ici que ce que j'ai vu ou bien appris par l'histoire officielle de mes trop oublieux contemporains. Dans leur souvenir tout s'efface vite, les biens comme les maux, et ils n'en profitent guère. Il faut donc les leur rappeler souvent, et l'occurrence actuelle est impérieuse. Je n'entends pourtant pas aiguiser ici les récriminations ; c'est un détestable moyen, qui ne sert qu'à accroître l'aigreur des rivalités, bien loin de les calmer : j'en répudie le caractère. Mais pour atteindre le but tout patriotique que je me propose, j'ai besoin de courage et de toute ma liberté. Les casuistes politiques à larges manches me trouveront peut-être bien sévère ; je tâcherai de ne l'être point trop.

J'en entends tous les jours un grand nombre qui le sont beaucoup plus que moi, sans être taxés d'exagération. Il s'agit de démontrer une longue série de manœuvres usurpatrices continuées jusqu'à présent sans interruption ; il s'agit de la couper s'il se peut. Pour cela on ne peut pas en dissimuler les fils essentiels, d'ailleurs publics pour la plupart. Je vais donc être obligé de remonter à l'origine des choses, en tâchant d'être le plus bref que je pourrai ; car ne l'est pas qui veut, quand on prend la plume contre l'iniquité. Dans tout ce récit je ne suivrai peut-être pas un ordre bien chronologique : je suis loin de mes livres, et d'ailleurs je ne m'occupe plus guère du grand livre des morts ; j'ai bien assez de celui des vivants. Je ne travaille plus que sur la mémoire de ma pâture ancienne combinée avec la courante. Entrons donc en matière sous le mérite de ces observations, qui m'ont paru préliminairement nécessaires.

Le duc d'Orléans, depuis Philippe-Égalité, ne fut jamais bon parent pour Louis XVI, beaucoup trop vertueux pour lui. Déjà il enviait son trône quand l'aurore de la révolution parut. Alors il put se flatter de parvenir à l'usurper. Il avait intrigué dans le Parlement ; il s'était fait exiler plusieurs fois à quelques lieues de la cour par des insolences ou des prétentions exorbitantes, et il n'y cherchait que la popularité pour ses desseins secrets. Il avait ambitionné la charge, alors très-considérable, de grand amiral de France. Le bon Roi, pour le satisfaire plus régulièrement, jugea à propos de l'envoyer sur sa flotte combattre les Anglais avec l'amiral d'Orvilliers. Il se trouva ainsi à l'affaire d'Ouessant, en 1778, je crois. Notre flotte avait le dessus. Deux vaisseaux anglais désemparés avaient amené leur pavillon; mais, pour les amarrer, il fallait continuer quelque peu le combat. Le duc d'Orléans ordonna la retraite; et l'on prétendit que pendant l'affaire il s'était blotti à fond de cale, ce que d'autres ont nié. Pendant la nuit, et à la faveur d'un brouillard, les Anglais sauvèrent leurs vaisseaux démâtés. A son retour à Paris, le duc fut assailli de quolibets et de chansons, dont une fort piquante. En voici le refrain, extrait d'un verset de l'*Exitu*: « *Mare vidit et fugit.* » Alors il devint impossible sans ridicule à Louis XVI de nommer son bon cousin grand amiral. Pour le dédommager, il le nomma colonel général des hussards. Le public malin y trouva de l'ironie, et la haine du duc s'en envenima encore. C'est ce que j'ai lu dans les mémoires du temps. Mais quand l'Assemblée des notables fut réunie à Versailles, Dieu sait quelle carrière il s'y donna alors dans tous les genres, après avoir épuisé celui de la débauche. Ceux qui voudront connaître à fond cet abîme, n'ont qu'à recourir aux chroniques contemporaines; je ne puis que les y renvoyer. C'est à ce centre de corruption que se rallièrent toutes les âmes vénales, toutes les passions mauvaises, toutes les orgies de l'époque. C'est au contact de ce prince funeste que se perdirent aussi bien des hommes de valeur, qui n'étaient venus là qu'avec un mandat honnête et de bonnes intentions. Nul doute que c'est cette première impulsion qui a dénaturé à l'origine le caractère de notre première révolution, et l'a poussée dans toutes les horreurs que chacun sait. Nul ne songeait alors à changer la dynastie, excepté le perfide duc d'Orléans et ses affidés. Toutefois, ils avaient encore bien des obstacles à surmonter. Le Roi et la Reine étaient aimés, et le traître était loin de l'être, à cause de ses vices et ses relations infâmes. La nation était fière à bon droit de cette magnifique Reine que tous les trônes nous enviaient. Bientôt ce juste empressement fut détruit à Paris par les menées de leur implacable ennemi. Les frères et les neveux du Roi étaient exilés, frappés de mort civile. Il ne restait plus qu'un enfant qu'il serait facile de faire disparaître, et qui a péri en effet dans les sauvages tortures ordonnées par les anciens partisans du duc d'Orléans. Les difficultés de l'usurpation s'aplanissaient chaque jour. La révolution, spoliatrice et sanglante, marchait à pas de géant. La résistance dans les provinces indignées était sans cohésion, sans unité, sans chef suprême; elle se faisait écraser en détail. Le Roi n'était plus maître de rien, et il se flattait encore d'arrêter le mouvement à force de concessions et d'apaiser le tigre. La Reine, plus clairvoyante et plus ferme, donna inutilement des conseils énergiques. Dès lors sa perte fut jurée. On sait comment elle faillit être égorgée dans le palais de Versailles; on sait qu'elle ne fut sauvée que par le vigoureux héroïsme des gardes, qui se dévouèrent à la mort pour elle: action digne d'une éternelle mémoire. On sait quel fut le dépit du duc d'Orléans quand il vit le coup manqué!

Mais quand la famille royale fut ramenée captive de Versailles à Paris; quand le duc d'Orléans eut répudié son propre nom, pris le titre ridicule de Philippe-Égalité, pour devenir un moment le chef de la populace, alors il jeta tous les masques et ne connut plus de bornes à ses fureurs usurpatrices. Qui peut avoir oublié, qui peut digérer encore, après soixante ans, les atroces calomnies que lui et ses séides répandirent partout contre le Roi et la Reine? Parlerai-je de l'exécrable procès du Roi, où le monstre vota froidement la mort sans appel et sans répit : « *Uniquement occupé de son devoir*, » dit-il? Rappellerai-je le frémissement d'horreur qui fut électrique dans toute l'Assemblée, parmi ses complices mêmes? On y put juger alors son but personnel et sa profonde dépravation, et on y jura son châtiment mille fois mérité. Parlerai-je de son triomphe au supplice héroïque de l'auguste monarque martyr? Parlerai-je du meurtre de la Reine, non moins augustement subi, et encore plus lamentable pour une nation policée? Pourrait-on jamais oublier les incroyables outrages qui ont précédé et accompagné cet infâme procès de la digne fille des Césars? Belle encore après tant de barbaries épuisées contre elle, sublime constamment dans son infortune inouïe, plus imposante, plus majestueuse que jamais, l'accusateur public, Fouquier-Tinville (à qui je dois aussi le supplice de mon humble mère), un scélérat qui suait le crime, imbu des calomnies de Philippe-Égalité, osa faire à la Reine de France, traduite sur la sellette, à notre honte éternelle, une question telle qu'il m'est impossible de la reproduire ici tant elle est révoltante, et que j'ai cherché en vain à bannir de ma mémoire tant elle est poignante! L'auguste victime leva les yeux au ciel, refusant de répondre. Sommée une seconde fois brutalement, elle se lève, et d'un élan et avec un accent véritablement sublimes, elle s'écrie avec une indignation indicible : « Vous outragez la nature? J'en appelle à toutes les mères qui sont ici présentes! » C'étaient des tricoteuses qui étaient venues là pour jouir des tortures de la grandeur déchue. Malgré leur habitude inhumaine, elles ne purent s'empêcher d'applaudir en versant des larmes. Le farouche accusateur, consterné, s'en tint là. Un tribunal de bouchers envoya au couteau de ses égorgeurs une reine accomplie, une princesse qui était un chef-d'œuvre des mains du Créateur ! Et le massacre de la belle princesse de Lamballe, qui avait eu lieu auparavant, uniquement parce qu'elle était haïe de Philippe-Égalité, comme amie de la Reine ! Et l'égorgement de Madame Élisabeth, cet ange de beauté, de vertus et de dévouement, qui, pouvant se sauver, avait voulu rester pour partager le sort de son royal frère, espérant peut-être pouvoir protéger les deux pauvres orphelins du Temple ! Parlerai-je de l'horrible traitement fait à l'enfant royal, au descendant de plus de soixante rois, la plupart glorieux ? Parlerai-je.....? Non, en voilà bien assez pour mon dessein, et cette seule esquisse brise le cœur. Tous ces attentats successifs ont été amenés directement ou indirectement par les manœuvres du duc d'Orléans et de Philippe-Égalité, le même homme de malheur. Toutes ces grandes victimes ont été immolées à ses calculs usurpateurs de la couronne, où il ne tarda guère à périr lui-même. Ce ne fut point le crime de la nation, qui en gémit amèrement, mais ne sut pas l'empêcher, décimée et opprimée par des hordes d'assassins, et divisée alors comme aujourd'hui, ce qui nous en promet encore.

Je n'ai pris dans ces lugubres souvenirs que les principaux traits connus. Je n'ai pas avec moi les matériaux nécessaires pour faire une histoire complète des usurpations de la maison d'Orléans. D'ailleurs, elle n'est pas près de finir, à ce qu'il paraît. Un autre l'achèvera un jour. La persistance des héritiers actuels de Philippe-Égalité nous présage bien d'autres péripéties. Sa mort fut pourtant une grande leçon. Son châtiment commença dès ce monde. Ses complices, dégoûtés de ses dépravations et ne voulant plus servir ses desseins ambitieux, le font arrêter, le jugent et le condamnent avec ignominie. On le mène au supplice à son tour. On remarqua que les boutons de sa face couperosée par le vice avaient disparu. Durant tout le trajet, le peuple le suivit en l'accablant de huées et d'imprécations, et lui reprochant très-vivement le meurtre de Louis XVI. Il but jusqu'à la lie le calice de l'opprobre et du remords. Pourtant, il est juste de lui accorder qu'il sut mourir en prince. C'est le seul trait honorable de sa vie. Était-il converti? Je le lui souhaite ; car, sans cela, le sort de son âme fait frémir d'épouvante. Laissons-le là ; cependant, n'oublions pas que, si on l'en avait cru, il n'était pas du sang des Bourbons, mais bien l'interruption dans sa ligne. N'oublions pas qu'il a diffamé sa propre mère, qu'il l'a traitée comme la Messaline de son siècle ; qu'il a soutenu maintes fois, avec une rare impudeur, qu'il était le fils du cocher de sa mère et qu'il en avait aussi la complexion et les instincts. Toutefois, il est probable qu'il mentait sous le rapport du physique, par forfanterie de perversité ; mais, au moral, il s'est longtemps efforcé de prouver qu'il disait vrai. C'est bon à rappeler à sa descendance, pour l'engager à ne pas persister dans une récalcitrance vraiment bien extraordinaire après de tels antécédents, et qui ne craint pas d'entretenir ainsi nos divisions et leurs périls. C'est bon à rappeler à la nation, pour faire enfin justice de leurs fausses prétentions, s'il devient nécessaire.

Passons au fils, alors duc de Chartres, depuis Louis-Philippe, artisan et bénéficiaire de l'usurpation qui a réussi enfin en 1830. Pour celui-ci du moins, je me hâte de le dire, il n'y a rien à lui reprocher quant aux vertus domestiques. Il a été bon époux, bon père et bon frère, et il a même poussé fort loin le soin des intérêts de sa maison. Mais ce prince a partagé si bien la politique et les vues de son père, que, placé dans une tribune au procès de Louis XVI, au moment où le Roi se justifiait si pathétiquement des crimes imaginaires que lui prêtait la rage de ses ennemis, le fils de Philippe-Égalité s'écria hautement : « Ah! l'hypocrite, comme il ment! » Ce cri fut entendu de toute la salle. Plus tard, après la perte de ses espérances, lorsqu'il déserta son camp avec armes et bagages, à la tête de son état-major, pour passer au quartier général autrichien, il y fut reçu avec mépris. On lui reprocha vivement le barbare propos ci-dessus. Il répondit qu'il l'avait proféré *pour tromper les badauds*. Une pareille excuse ne put être goûtée. On le laissa se retirer, par respect pour son sang. Après quoi il vécut quelque temps dans l'abandon et la gêne, errant en divers climats.

Enfin, Napoléon, couvert de lauriers, beaucoup moins usurpateur que la branche cadette, qu'il méprisait et dont il ne s'inquiétait guère après sa conduite, s'empara d'une couronne perdue en grande partie par les crimes du duc d'Orléans. Mais il sentit si bien le prix et le caractère indélébile de la Légitimité, qu'il lui rendit un éclatant hommage. Le représentant naturel proscrit était alors confiné au fond de la Courlande, sans aucun appui que son droit incontestable, sans aucune espérance apparente ni prochaine. Napoléon, qui n'était pas un petit appréciateur, hasarda de lui proposer la cession de ce droit, offrant en échange des avantages considérables. Tout le monde connaît la belle réponse négative de

Louis XVIII, datée de Mittau. Si ce prince et ses frères eussent eu la lâcheté d'accepter, comme l'aurait pu faire un Philippe-Égalité, que seraient devenues les éventualités du nouveau duc d'Orléans, errant et vivant dans un complet discrédit? Aussi comprit-il sa position à merveille. Il se hâta de se rattacher à cette Légitimité que son père avait assassinée et qu'il avait méconnue lui-même ; il profita habilement de cette occasion pour obtenir son pardon, en joignant fortement sa protestation à celle de tous les princes de la branche aînée. C'est que là il y trouvait aussi son intérêt. Il fit plus ; dans nos guerres avec l'Espagne, il offrit à cette puissance ses services contre Napoléon, qu'il appelait avec indignation *un odieux usurpateur*. Je ne me souviens plus pourquoi il ne fut pas accepté. Toujours est-il que tels ont été ses sentiments et son langage officiels tant qu'il est resté dans l'exil et *devant* la branche aînée rétablie aux Tuileries. Je dis *devant*; car derrière, ç'a été autre chose.

Enfin, les fautes et les grandes défaites successives de Napoléon précipitèrent sa chute et le rappel de la Légitimité, c'est-à-dire, de la branche aînée de l'antique maison de Bourbon, si barbarement, si ingratement et si ruineusement pour nous chassée par les tyrans révolutionnaires ; et la branche cadette, à laquelle personne ne pensait, se hâta de suivre son aînée. La France, mutilée, envahie, mise à l'encan et menacée d'un partage imminent, fut bien heureuse de retrouver les fils de Saint Louis et d'Henri IV, sans lesquels elle ne serait plus comme nation. C'était, en effet, la seule planche de salut. J'entends encore les cris de joie qui s'élevèrent de toutes parts à leur approche. Les étrangers, nos rivaux et nos vainqueurs, ne firent absolument que céder au vœu national si vivement manifesté, non sans s'y être fait beaucoup prier. De plus, ils s'imaginèrent que la France ne serait plus dangereuse et ne se relèverait jamais de ses désastres. Puis, les risques d'un partage et des querelles immédiates ou éloignées entre eux sur cette proie, la difficulté de s'entendre à cet égard et de conserver, et, par-dessus tout, le respect d'une antique maison qui les primait tous, les déterminèrent enfin à nous laisser libres. N'oublions pas qu'ils avaient offert à Napoléon, vaincu sans ressource, de traiter avec lui à des conditions draconiennes qui nous enlevaient toutes les conquêtes de Louis XIV. A cet égard le péril fut grand ; et nous l'aurions infailliblement subi sans les Bourbons, qui vinrent à temps pour le conjurer. Il faut y adjoindre le bon vouloir de la Russie, avec laquelle nous aurions tant de hauts intérêts communs, si la stupide politique révolutionnaire ne nous avait pas indéfiniment enchaînés sous la dégradante obédience de la punique Angleterre, dans les eaux de laquelle nous ne faisons plus que croupir servilement jusqu'à la singer en imbéciles dans ce qu'elle nous offre de plus perfide pour nous. Depuis, les Étrangers, surtout les Anglais, se sont vivement repentis de leur modération dans leur complète victoire, quand ils ont vu se développer comme par enchantement, pendant quinze ans, les étonnantes merveilles de la Restauration sur de si grandes et si longues ruines. Tout fut réparé. Une prospérité et un crédit jusqu'alors inconnus, des alliances sûres, une influence inexpugnable à nos rivaux, de sages expéditions faites malgré eux dans nos intérêts sans qu'ils osassent s'y oppos[illegible], [illegible]ossibilité d'ourdir contre nous de nouvelles c[illegible]itions en fa[illegible]ur de l'Angleterre, tout nous faisait monter rapidement aux plus hautes destinées, avec la confiance qu'inspiraient à bon droit à toute l'Europe continentale l'honneur, la justice et la probité sur le beau trône de France. Voilà l'exacte vérité. Tous les hommes de mon âge qui ne sont pas abrutis par l'esprit de parti, sont en état de l'attester, *de visu*, et l'attestent aussi avec d'amers regrets. C'est en vain que la grossière imposture du vieux libéralisme anti-patriote a voulu nier ou obscurcir ces faits, en osant dire audacieusement que la Restauration n'était venue que dans les bagages des Cosaques, et comme but de leur invasion, honteuse seulement pour la révolution qui en était seule coupable. L'étranger lui-même sait aussi bien que nous ce qu'il en est, et s'est ri avec mépris de cette imputation aussi contraire à l'intérêt national qu'à la vérité. Mais l'Angleterre s'est bien gardée de la démentir, sans pourtant la reconnaître; parce que cela affaiblissait un trône qui lui causait déjà de l'ombrage.

Hélas! les bienfaits de la Restauration étaient trop beaux pour nos infatuations révolutionnaires! Des sectes envieuses et jalouses, coalisées avec l'usurpation de 1830, ont renversé tout cela. L'ennemi intestin a été beaucoup plus funeste que l'étranger. Des calomnies indignes, des intrigues ardentes et incessantes ont prévalu, cent fois réfutées démonstrativement et cent fois reproduites avec avantage et la plus rare impudeur; tant les Français sont aptes à se repaître des plus méchantes querelles d'Allemand, pourvu qu'elles partent des sophistes sans conscience d'une opposition quelconque! Ils en font leurs guides, pour un temps qui ne dure guère, il est vrai; mais c'est pour passer sous la férule d'autres qui ne valent pas mieux. Ce qui n'est pas moins piquant en tout ceci, c'est qu'avant et depuis son usurpation, le nouveau duc d'Orléans lui-même a fait ou laissé dire à ses amis que la Restauration n'était venue que montée en croupe de l'étranger. Cette invention, sans doute, était fort agréable aux révolutionnaires de métier; mais, quand le fait serait aussi vrai qu'il est faux, qu'importerait encore, après tout, en allant au fond des choses, quand il est incontestablement avéré que la Restauration a été un immense bienfait de la Providence, et, qui plus est, notre seul refuge? Ce serait alors l'Étranger qu'il en faudrait remercier; car ce serait lui qui en aurait le mérite, et non pas notre propre bon sens. Mais c'est impudemment faux, grâce à Dieu. Je sais bien que les conspirateurs se sont efforcés mille fois de nier ou de déprécier ces bienfaits: mais c'est aller vainement contre la force de l'évidence; car le peuple de Juillet et eux-mêmes n'ont guère vécu que des restes féconds de la Légitimité, qui avait tout recréé. Après tout, je voudrais bien savoir par quelle autre porte que ses aînés le duc d'Orléans est rentré dans sa patrie, et s'il eût pu même y revenir sans eux. Est-ce par la porte de la victoire ou par celle d'un rappel de faveur particulière? Je ne l'ai jamais ouï dire. Je prie ceux qui l'ont servi et qui servent encore si mal ses fils, de nous l'apprendre. Il s'est vanté de n'avoir jamais porté les armes contre son pays; et il a eu l'air de faire en cela la satire de l'émigration et de l'armée de Condé, où il n'eût certes pas été admis. Tous ses échos ont répété laudativement cette jonglerie. Cela lui seyait bien, à lui qui a su se nantir des grands biens de la maison de Condé dans la personne de son fils le duc d'Aumale! à lui qui, à la tête d'une armée française, avait déserté son quartier général, pour passer à l'ennemi! à lui qui avait offert à l'Espagne son épée contre la France! Il y a donc une race qui se croit tout permis, et fort ingénieuse à incriminer et démolir la maison d'un parent qui l'offusque!

A sa rentrée, le duc d'Orléans se fit réintégrer dans une grande partie de ses biens par Louis XVIII; mais il ne put en obtenir le titre d'Altesse royale. Ce prince s'en défiait pour cause, et il refusa toujours de paraître au Palais-Royal. Charles X, le plus confiant et le plus généreux des hommes, accorda le titre et d'autres biens, sans aller non plus chez le duc. Pendant la grande comédie de quinze ans, jouée par des familiers dans les appartements mêmes du Palais-Royal et à Neuilly, Madame la duchesse de Berry seule allait souvent sans conséquence chez *ses bons d'Orléans*, comme elle voulait bien les appeler, et on y était aux petits soins près d'elle. Elle a été bien payée de sa bonté depuis, par les charges ordonnées contre elle dans la Vendée et les tortures de Blaye. Cependant l'excellente princesse y trouvait souvent les Manuel, les Benjamin Constant et les autres chefs de la Société *Aide-toi*, qui nous ont amené tout à leur aise les journées de Juillet, si profitables pour eux et leur nouveau Roi. Pour abréger, je saute par-dessus une foule d'intrigues et de manœuvres qui s'agitèrent dans les deux palais et autres conventicules pendant longtemps contre les Tuileries endormies dans leur bon droit. Je ne les connais pas toutes suffisamment et j'en ai oublié. Je renvoie encore là-dessus aux chroniques du temps.

Cependant on aurait dû ouvrir les yeux et se tenir mieux sur ses gardes. Un grand crime avait été commis à l'Opéra, en février 1820. Le duc de Berry avait été poignardé presque sous les yeux de sa femme, dont la grossesse n'était malheureusement pas encore connue; car cela eût probablement arrêté le bras de l'assassin, attendu l'inutilité du meurtre à son point de vue. Ce prince si précieux meurt en héros chrétien. Le procès s'ouvre sous les auspices de M. de Caze, ministre d'une police qui ne se faisait guère que contre les légitimistes. Le prince trop confiant avait échappé sans elle à maints dangers. Pour mon compte, d'après ce que j'ai vu du peu ou de l'absence des protections qui auraient dû l'entourer, j'ai été étonné qu'il n'ait pas été assassiné plus tôt, et j'en ai frémi bien des fois. M. de Caze, favori équivoque de Louis XVIII, était on ne peut plus suspect aux royalistes, pour des raisons et certains actes qui motivaient assez leur répugnance. Il était dès lors tout dévoué au Palais-Royal, et depuis il en a été récompensé par la charge de grand référendaire de la Chambre des Pairs, avec demeure splendide au Luxembourg. Le procès de Louvel se poursuit donc ainsi. Dans le cours des débats, on remarqua des circonstances propres à accroître de tristes soupçons, à tort ou à raison; d'autres qui causèrent une douloureuse impression dans les âmes honnêtes, déjà si affligées d'un pareil forfait. Par exemple, le scélérat, interrogé s'il avait eu à se plaindre de l'infortuné prince? répondit : — *Jamais.* — S'il avait de la haine contre lui? — *Aucune.* — Pourquoi il avait choisi le duc de Berry plutôt que le duc d'Angoulême? — *Parce que celui-ci est stérile, au lieu que l'autre faisait souche.* — Quel intérêt l'avait donc fait agir? Dieu seul le sait. L'assassin a persisté à déclarer qu'il n'avait pas de complices. On remarqua encore que, jusqu'au jour de son exécution, il garda une sorte d'impassibilité fortifiée par l'espoir qu'il ne périrait pas et qu'il serait sauvé. Pendant sa marche au supplice, il ne cessa de promener avidement ses regards dans la foule sur son passage, comme s'il y eût cherché des sauveurs. Quelqu'un lui aurait-il donné cet espoir, pour comprimer jusqu'au bout toute révélation ? C'est encore là une question insoluble que beaucoup de gens se firent.

Quelques mois après, quand la grossesse de l'auguste veuve fut assez avancée, d'autres scélérats conspirèrent son avortement. Une émeute, des cris et de terribles détonations éclatèrent sous ses croisées, au pied du pavillon de Marsan. Mais la princesse est courageuse, et l'enfant royal vint à bien. Deux ou trois de ces misérables furent exécutés, après avoir été dûment convaincus. On se demande encore avec anxiété quel intérêt avait fait mouvoir ceux-ci ? A tort ou à raison encore, on s'arrêta à l'axiome de jurisprudence : « *Is fecit cui prodest.* » De pareils soupçons, jetés dans le public, étaient bien malheureux pour toute la famille royale. On reconnut d'ailleurs que la position et la puissance des soupçonnés auraient rendu alors bien dangereuse une investigation approfondie. Ce qu'il y eut de particulier dans ces deux crimes, de même que dans celui dont je parlerai plus loin, le parti révolutionnaire proprement dit et le parti bonapartiste ne furent ni accusés ni soupçonnés. Quant aux exécutés, on leur a fait bien tort ; car ils auraient sûrement figuré, s'ils étaient restés vivants, avec les parents de Fieschi, Morey, Pepin, Lecomte, etc., sur la liste des *récompenses nationales* dressée sous la dictature du général Cavaignac. Grand Dieu ; dans quel siècle nous vivons !

Enfin, le 29 septembre 1820, jour de saint Michel archange, vainqueur du Dragon, si bien représenté par le sublime peintre Raphaël, Henri-Dieudonné, duc de Bordeaux, vient au monde. L'heureux roi Louis XVIII, consolé de sa grande perte récente, prend l'enfant dans ses bras ; et, après lui avoir fait avaler la première boisson d'Henri IV, le vin de Jurançon, il le présente par le balcon à l'innombrable multitude dans l'attente, et, par un admirable mouvement d'à-propos, il lui crie d'une voix forte : « *Mes amis, un enfant nous est né !* » C'est le peuple lui-même qui, dans ses transports d'allégresse, y ajouta spontanément : « *Oui, oui, c'est l'enfant du miracle !* » Les acclamations furent immenses. On n'a pu oublier encore les cris de joie et de bonheur qui retentirent dans tout Paris, et se répétèrent ensuite rapidement dans tous les coins et recoins de la France. Toutes les valeurs publiques et privées, toutes les transactions, en reçurent un élan considérable. L'Europe aussi prit part à cet événement, parce qu'elle y vit un gage de paix pour elle. En effet, aux yeux même du philosophe, on n'a point vu une naissance plus précieuse et plus providentielle, ni plus solennelle. Le Palais-Royal seul fut consterné. Le duc d'Orléans ne put dissimuler son dépit ; il se trahit en gestes et en paroles, qui ne le firent pas plaindre de son désappointement. La mère du futur Henri V, éclairée par son récent malheur, avait voulu accoucher devant les magistrats ; le maréchal Suchet et d'autres généraux créés par l'Empire, huit grenadiers de l'armée, autant de la garde nationale ; c'était en public, car la chambre était pleine. On coupa devant tout ce monde le cordon par lequel l'enfant tenait encore à sa mère ; elle y mit un courage extraordinaire, surmontant les plus vives douleurs physiques : certes, la précaution était bonne. Ce qui n'a point empêché qu'aussitôt les soi-disant Glorieuses, le nom du duc de Bordeaux, qui avait été donné à la rue perpendiculaire au pavillon de Marsan, ne fût effacé par ordre. Et savez-vous le nom qu'on osa mettre à la place? Vous devriez l'avoir deviné : *Rüe de l'Enfant trouvé!* Le public honnête s'en indigna, comme si on lui eût escamoté le soleil pour lui donner en échange un fallot odieux. Il fallut rayer l'audacieux mensonge. C'est aujourd'hui la rue du 29 Juillet, qui ne nous rendra sûrement pas la valeur du premier nom, et nous a déjà causé assez de désastres, sans parler du régime de spoliation et de violence que ces journées ont inauguré pour l'avenir.

Après le grand désappointement de la naissance du duc de Bordeaux, le Palais-Royal ne demeura point sans espérance ni ressource. Il devint l'âme de ce qu'on appelait alors l'*opposition constitutionnelle*. C'était bien peu caché, puisque les chefs s'y réunissaient souvent sans trop de mystère. Le sage et fidèle ministère Villèle y plongeait bien ses regards; mais que pouvait-il contre *ces bons d'Orléans*, chez lesquels la duchesse de Berry continuait d'aller. Il n'était ni facile ni sûr de chercher à les prendre la main dans le sac. Ils étaient d'ailleurs d'une obséquiosité parfaite envers les Tuileries. Après la retraite de ce ministère, si gênant pour les comédiens de 15 ans, les manœuvres marchèrent à front découvert, et ne gardèrent presque plus de mesure. Au printemps de 1830, le roi et la reine de Naples arrivèrent à Paris, revenant d'Espagne. Le duc d'Orléans obtint la faveur de leur donner une fête superbe, et Charles X consentit à y assister. Il ne pouvait guère s'en dispenser, dans une telle occurrence. Ce fut la première et la seule fois qu'il parût au Palais-Royal avec toute sa famille. Le duc servit les deux rois à la manière antique. Les principaux chefs de l'Opposition, et l'on put dire dès lors de la conspiration, y avaient été conviés. Là on vit des visages fort étonnés de se trouver en regard. Les disparates avaient quelque chose d'étrange et de sinistre. On sentait qu'une grande crise approchait. La fête se prolongea fort avant dans la nuit après le départ des deux rois. Pendant ce temps, l'émeute commença dans le jardin même. Toutes les chaises furent brûlées au pied de la statue d'Apollon, qu'elles calcinèrent. Il y eut des cris confus que l'on ne pouvait encore bien apprécier. J'étais présent, et je ne doutai point que ce ne fût un des signaux précurseurs de quelque grand attentat; d'autant plus que je ne vis faire aucune recherche ni prendre aucune mesure sérieuse. La révolution prétendue parlementaire marchait à pleines voiles, sans obstacle. Le nouveau ministère et la Cour, enivrés de la conquête d'Alger, préparée sous M. de Villèle, en dépit de l'Angleterre et du libéralisme, ne songèrent plus à autre chose, s'imaginant que ce glorieux fait d'armes dominerait tous les esprits. Cette erreur était grande; car on savait que les amis du Palais-Royal avaient employé cent perfidies pour faire échouer l'expédition, jusqu'à en faire connaître les plans aux Turcs. Il serait trop long de narrer ici toutes les phases dans lesquelles les deux ministères Martignac et Polignac laissèrent si fatalement acculer la couronne dans les impasses machiavéliques des partisans du Palais-Royal.

Enfin on crut en sortir et regagner le terrain perdu en lâchant les célèbres ordonnances de Juillet. Il faut avouer, malgré leur déplorable résultat, qu'elles n'étaient que trop bien motivées et parfaitement libellées, licites même d'après l'article 14 de la Charte; mais elles étaient aussi, j'en conviens sans difficulté, d'une inopportunité et d'une imprudence extrêmes. Le maréchal Bourmont était en Afrique, occupé de sa conquête. On lui avait promis de ne rien entreprendre en son absence. Dans une telle situation, c'était folie que d'engager soi-même un combat dont l'ennemi attendait avec impatience le premier prétexte pour pouvoir en donner avantageusement le signal, et quand on ne s'était pas le moins du monde mis en état de le soutenir. Il faut croire qu'il n'y avait point de police alors, ou qu'on ne l'écouta point; car le Cabinet sembla ignorer ce que chaque Parisien savait, c'est-à-dire, que l'insurrection était toute prête. Il n'y avait pas six mille hommes de troupes à Paris et dans sa banlieue, et il en eût fallu au moins trente ou quarante mille, et rappeler avant tout les camps de Lunéville, Saint-Omer et autres régiments placés au loin sans utilité bien importante. C'est attendu ces inexcusables négligences, que je trouvai, tout le premier, les ordonnances détestables; car, par la nature de mes fonctions, je connaissais très-bien l'esprit de la population ouvrière de Paris, et même du Palais-Royal et de ses affidés. M. de Polignac, avec toutes ses bonnes intentions, ne se justifiera jamais de son imprudence; d'autant plus grande que plusieurs de ses collègues étaient d'avis d'attendre. Il a fait la partie trop belle à l'ennemi, et il a tout perdu; tandis qu'il eût fallu temporiser et se couvrir le plus rapidement possible, comme l'eût fait sans doute un Villèle, ou M. de Bourmont, s'il eût été de retour au ministère de la guerre. Encore ai-je eu lieu d'être persuadé que si les six mille hommes présents eussent été plus énergiquement commandés, comme ils le demandaient à cor et à cris, s'il leur eût été permis de faire feu à balles, à boulets et à mitraille dès le premier jour, avant les barricades générales, l'insurrection eût pu être comprimée et n'y serait pas revenue. J'ai tout vu. En courant de prison en prison pour y donner des ordres contre les révoltes que je prévoyais, je fus surpris par la tourmente et forcé de marcher en tête de la multitude. Il y avait 15 ou 20 mille hommes derrière moi, dont moitié au moins de curieux, qui me poussaient en avant. En débouchant de la rue Croix-des-Petits-Champs, nous reçûmes à vingt pas un feu bien nourri d'un bataillon de la Garde qui stationnait sur la place du Palais-Royal. C'était, je crois, dans la matinée du 28. Comme je n'étais point touché, ni moi ni personne à mes côtés, j'en conclus que le feu avait été tiré à poudre ; et c'était vrai. La multitude en devint beaucoup plus audacieuse. La queue de la colonne chassait devant elle la tête, qui aurait bien voulu fuir, s'attendant à des feux plus sérieux ; mais qui ne le pouvait, prise entre les murailles, toutes portes fermées. Alors quelques obus lancés par-dessus la tête, vers le centre, y auraient mis infailliblement la déroute. Même mollesse simplement agaçante sur les Boulevards et autres points envahis. Pour me tirer de là, je n'eus d'autre ressource que de m'avancer sur la troupe, qui se dépitait d'être ainsi retenue. J'y fus connu d'un officier ; je prétextai de mon service, et on me laissa traverser les rangs comme un furet. Je fus aux Tuileries, pour y faire mon rapport verbal : les ministres y étaient encore ; mais je ne pus pénétrer jusqu'à eux. Je courus à la préfecture de police ; il me fut impossible de voir le Préfet, chez lequel j'avais toujours eu accès. Je ne sais même ce qu'il était déjà devenu. Je parcourus les bureaux, et partout je voyais de l'irrésolution et qu'on perdait la tête. Je trouvai dans la cour le colonel de Foucaud, qui y était consigné avec ses gendarmes et qui se lamentait de son inaction forcée. Je racontai à tout le monde ce que je venais de voir, et que cela m'avait tout l'air non d'une émeute, mais d'une révolution. Puis je rentrai, pour me mettre en permanence dans mes bureaux, pour aviser autant que possible aux redoutables craintes des évasions des prisons en masses. J'en étais vivement préoccupé. J'y avais six ou sept mille bandits, condamnés, prévenus et filles publiques. A chaque instant, je recevais des estafettes des directeurs éperdus, qui m'annonçaient leur détresse et des révoltes. Les détachements de Garde royale qui y faisaient le service avaient été retirés, et les porte-clefs n'ont pas d'armes à Paris comme dans les maisons centrales. Les insurgés m'enlevèrent la Dette, Sainte-Pélagie, la Conciergerie, le Dépôt, les Madelonnettes et Saint-Lazare, au grand péril de tous mes employés restés sans défenseurs. Toute cette écume fut se mêler à celle qui bouillonnait dans les rues. L'insurrection n'alla pas aux maisons de Saint-Denis et Villers-Cotterets, où il n'y avait guère que des troupeaux d'invalides. J'eus le bonheur de maintenir la Force avec une soixantaine d'ex-gardes nationaux qui consentirent à y venir armés, en *bizets*, et Bicêtre avec un bataillon de vétérans que j'y avais spécialement. Mais il fallut faire feu, pour y comprimer la révolte. Il y eut des tués et des blessés. Ces deux maisons absorbèrent mon attention. J'avais dans la première des centaines de prévenus pour crimes emportant la mort ou les travaux forcés, et dans la seconde tous les condamnés qui attendaient le départ de la chaîne pour les bagnes, où je les dirigeai quand je le pus, quelques jours après. En entendant la fusillade et la canonnade au dehors, ils étaient comme des lions déchaînés. Dieu sait quels ravages eussent commis de telles hordes si elles se fussent échappées en telles circonstances. Ce fût ce service qui, malgré mes opinions connues, me fit conserver quelques mois de plus dans mes fonctions, d'ailleurs non assermentées.

Je reprends le fil de mon récit. Nous voilà donc en pleine révolution de Juillet, c'est-à-dire, révolution orléaniste. Il lui plut de s'intituler d'abord *la meilleure des républiques*. Je veux bien le croire ; car nous sommes tous antipathiques à cette forme, même ceux qui nous l'imposent sans la comprendre, et ne sont que des tyrans de démagogie. Ce que nous possédons aujourd'hui en est la preuve. Je conviens sans peine que l'établissement de Juillet, tout inique qu'il fût, valait encore mieux que celui de Février ; mais il n'a été que la plus mauvaise des monarchies, et on m'accordera bien, assez généralement aujourd'hui, que ce n'était pas la peine de renverser l'ancienne, et que les 221 qui ont fait la substitution sans aucun mandat pour cela, ont pris une grande responsabilité. Ensuite ledit établissement changea habilement de nom, comme ceux qui ont à rougir de leur origine. Il lui convint de s'appeler le *juste milieu*. Oui ! mais quel milieu ? Le milieu entre l'usurpation dynastique par des voies révolutionnaires, et l'usurpation socialiste par toutes les passions imaginables de l'écume des sociétés dépravées. Ainsi, ce milieu n'a été qu'une grande étape vers l'immense anarchie où nous courons, et l'on ne peut nier que l'un n'a que trop autorisé l'autre.

Les journées de Juillet, nommées par antiphrase les *Glorieuses*, et sans doute aussi par la plus amère ironie, ne furent donc qu'un crime affreux, dont nous subissons aujourd'hui les conséquences qui nous épouvantent justement. Il est bien malheureux que le roi Charles X, comme Louis XVI, trop avare du sang des hommes, n'en ait pas su verser à propos quelques méchantes gouttes, pour en épargner des torrents d'innocentes.

Ce ne fut que le second jour, 28 juillet, que le ministère songea à défendre une couronne qu'il avait déjà perdue. Les troupes, qui n'avaient pas encore les munitions nécessaires, et qui manquèrent même de pain, commencèrent dans la soirée à tirer à balle et à boulet en réponse au feu ennemi. Mais il était trop tard; l'insurrection avait triplé en nombre et en audace : à l'exception du quartier des Tuileries et des adjacents, encore occupés par les troupes, toute la ville était barricadée. Il n'y avait plus qu'à se retirer en bon ordre, se concentrer sur la route des anciennes provinces fidèles, et appeler à soi les camps, les garnisons, et les détachements envoyés dans les départements contre les incendiaires lâchés par les conspirateurs, pour y disséminer les forces royales. Certes tout n'était pas perdu ; et le duc d'Orléans n'eût pas osé monter sur le trône, et les 221, déjà embarrassés d'abord de leur victoire, n'eussent pas osé le proclamer. Pendant les deux premiers jours, le roi était tranquillement à Saint-Cloud, mal informé de ce qui se passait, tant le désordre était grand dans le Conseil même! Madame la Dauphine était absente ; et, bien que très-mécontente des ordonnances lâchées à son insu pendant son voyage, elle courut de grands dangers. On eut les plus vives inquiétudes sur son sort : ce qui contribua puissamment à abattre le malheureux Roi, d'ailleurs abandonné des grands dignitaires, dont peu ou point lui vinrent en aide dans ce moment suprême où il s'agissait de prendre un parti vigoureux. On se retira sur Versailles et Rambouillet. Alors les meneurs de Paris furent un moment effrayés d'un succès qu'ils n'avaient pas prévu si prompt et si facile ; car alors, comme aujourd'hui, il y avait de faux républicains, qui ne sont autre chose que des anarchistes. Mais les meneurs firent une manœuvre habile ; ils lâchèrent à la poursuite du Roi environ trente mille de leurs plus dangereux instruments, espérant s'en débarrasser en les faisant écraser par l'armée dans les plaines de Rambouillet. Si le Roi ne s'y fût opposé obstinément, c'était chose facile ; il avait quarante ou cinquante pièces attelées et vingt-cinq mille hommes d'excellentes troupes ralliées, qui le lui demandaient à cor et à cri. Un brave général de l'Empire, en lui montrant cette aveugle masse en désordre, le supplia en lui disant : « *Sire, dites un mot, et dans moins d'une heure j'en* » *aurai engraissé toute la plaine !* » Généraux et soldats étaient animés de la plus vive indignation. On lui cria aussi la Vendée ! la Vendée ! Il est certain, en effet, qu'en s'y appuyant avec ses régiments et tout ce qui l'y eût suivi, il y eût été inexpugnable ; mais c'était la guerre civile, et le roi n'en voulait à aucun prix. Il préféra son dernier exil, et il l'a noblement subi. Toutefois, n'oublions pas qu'il prit auparavant toutes les précautions légales qui lui étaient possibles en une telle circonstance, pour maintenir le droit traditionnel de la France. Il avait abdiqué en faveur de son petit-fils avec M. le Dauphin, et il nomma le duc d'Orléans lieutenant général du royaume, pour protéger les droits du duc de Bordeaux, devenu Henri V, c'est-à-dire, exercer en son nom la régence pendant sa minorité. Rien de plus, rien de moins. Quant à la personne de l'héritier royal, le Roi l'emmena avec lui; ce qui était le plus sûr et fort naturel. C'est connu de tout le monde, mais cela ferait une trop grande lacune dans mon plan si je l'omettais ici; et j'y ajoute que si le Roi eût prévu l'escamotage orléaniste qui a lacéré ses dispositions très-constitutionnelles, il n'eût pas abdiqué lui et M. le Dauphin, et il eût pu se retirer avec son armée dans les provinces fidèles, d'où le duc d'Orléans et ses partisans n'auraient certainement pas été le chasser. La plus grande partie de la France ne l'aurait d'ailleurs pas souffert. Le Roi congédia donc son armée et partit pour Cherbourg, emmenant avec lui pour sa royale escorte, quelques fidèles, ses Gardes du Corps et son drapeau. Il laissa la France dans la consternation. Sur ces entrefaites, les meneurs du Palais-Royal rétablirent la garde nationale de Paris, armèrent le plus de bourgeois qu'ils purent, en firent une masse considérable, mais fort inquiète, et garnirent tous les postes avant le retour des barricadiers. L'armée de Rambouillet les trouva tous occupés. Ce n'était pas son compte; elle avait espéré faire sa main en arrivant, et l'exil de la Légitimité l'y autorisait presque. Elle causa de grandes peurs à ceux-là même qui l'avaient employée. Nous eûmes quelques semaines l'idée et l'avant-goût d'un vingt-quatre Février, qui en devait éclore plus tard. Ce n'est pas tout que de soulever de pareils éléments dans des intérêts personnels. C'est bien aisé, avec la maxime que : « *L'insurrection est un devoir*. » Mais la grande difficulté est de les satisfaire ou apaiser quand le tour est fait. Ensuite, on a toujours le risque fort juste que la maxime tourne contre soi : c'est la peine du talion, comme il est arrivé et arrivera tant que ce principe insensé aura cours. J'ai vu avec la plus amère pitié les lâches adulations que, dans leur peur extrême, les nouveaux pouvoirs et les bourgeois de Paris prodiguaient, le genou en terre, à ces héros débraillés qu'ils auraient voulu aux Antipodes. Enfin, avec le Trésor et les places résultant des destitutions et démissions légitimistes, on parvint à calmer les principaux affamés, et l'on colloqua le reste en les écoulant dans les régiments ou en Afrique.

Pendant la tragédie, on a remarqué que le duc d'Orléans n'a pas mis le pied à Saint-Cloud, et a évité tous rapports, du moins apparents, avec le Roi, quoiqu'à moins de deux lieues de lui ; que le jeune duc de Chartres, à la tête d'un régiment de hussards, ne vint point offrir ses services ; que les metteurs en scène n'ont pas cessé de circuler entre Paris et Neuilly, où le duc d'Orléans avait son quartier général ; qu'ainsi ce prince savait tout ce qui se passait à chaque quart d'heure, comme s'il eût été présent à l'action. On laissa dévaster et profaner les Tuileries. J'y ai vu les plus grands vandalismes. Toutefois, ce qui fit quelque sensation, c'est que le peuple, livré à lui-même dans cette enceinte, jadis si révérée et si glorieuse pour la France, respecta les appartements du duc de Bordeaux et de sa mère. Pour toutes les propriétés du duc d'Orléans, rien, absolument rien n'y fut touché. Je n'en fus point surpris ; elles étaient bien gardées. J'ai lu de mes yeux, dès le commencement de la mêlée, sur les murs les plus apparents du Palais-Royal, cette inscription-ci, en lettres de six pouces : « *Respectez ce Palais, il est à nos amis !* » Tout Paris l'a pu lire comme moi. Était-ce assez clair ?

Cela donna à penser aux ingénus. A moi, cela ne m'apprit rien du tout ; pas plus que le grand écriteau que Louis-Philippe fit mettre plus tard devant ses badigeons des Tuileries ; ainsi conçu : « *Vive Louis-Philippe, l'ami des ouvriers !* » Hélas ! je savais depuis longtemps les charlatans par cœur, et l'on s'y fiait trop aux Tuileries. La scène a bien changé en Février. C'est le Palais-Royal qui a été dévasté autant et plus que les Tuileries, et Neuilly horriblement incendié par les mêmes vandales. « Triste retour des choses d'ici-bas ! »

La nouvelle révolution orléaniste allait s'accomplir. Il était clair que le duc d'Orléans, objet des plus justes sujets de défiance, nommé dans les nécessités de la détresse lieutenant général du royaume, en profiterait pour usurper la couronne d'un enfant emmené dans l'exil pour sa sûreté. Il était clair qu'il violerait son mandat protecteur après l'avoir accepté, comme il fit. Il y tarda encore moins qu'on ne l'aurait cru. Il se fit proclamer Roi dès le 9 août, c'est-à-dire quelques jours seulement après sa nomination au poste qui équivalait à la régence. Il avait eu la précaution d'aller en personne à l'Hôtel-de-Ville soutenir sa candidature devant le peuple, où elle ne laissa pas que de lui être contestée, malgré les meneurs. Mais on abusa la multitude par des roueries. Ainsi il n'y eut jamais d'usurpation plus flagrante ni plus odieuse ; car c'était sur un parent, sur un enfant que l'on s'était chargé de protéger dans ses droits. Tout ce que les complices ont pu dire, tiré des circonstances, pour atténuer l'énorme fait, n'en effacera pas le caractère ; car ce sont eux-mêmes qui avaient très-intentionnellement amené, de longue main, ces circonstances avec une rare habileté de persistance pendant la grande comédie de quinze ans qu'ils ont ainsi nommée eux-mêmes. Cela ne peut faire question pour personne. *Habemus confitentes reos.* C'est donc incontestablement ainsi que Louis-Philippe Ier recueillit enfin, en 1830, le prix des longues manœuvres traditionnelles en sa famille. Le voilà donc intronisé ! Mais par qui ? Par les 221 ex-députés félons qui avaient refusé factieusement et sans juste cause leur concours au Roi légitime, auquel ils avaient juré leur foi, et qui leur avait en vain réitéré un débonnaire et loyal appel dans ses droits constitutionnels ; par ces mêmes parjures qui avaient graduellement et sciemment acculé la Couronne, et forcé le malheureux Roi à recourir au dangereux remède de l'article 14 de la Charte, qu'ils ont eu depuis le soin d'effacer, croyant rayer aussi dans l'histoire leur félonie manifeste; par ces usurpateurs d'un mandat qui ne leur avait jamais appartenu : car la France ne les avait du tout chargés de maquignonner la Couronne, ni d'intervertir la succession comme ils firent impudemment en s'assurant à eux les plus belles conditions particulières ; par ces hommes qui n'avaient même plus aucun mandat quelconque ; puisqu'ils étaient très-constitutionnellement dissous, puisqu'ils n'avaient absolument plus aucune qualité que celle de conspirateurs, dont les plus consciencieux d'entre eux ont demandé depuis publiquement pardon à Dieu et aux hommes ; enfin par cette même cohue des rues qu'ils avaient soulevée, et qui depuis, dans son repentir, n'en a fait qu'une demi-justice, quand elle pouvait se couvrir de gloire et s'assurer un bel avenir si elle eût fait une réparation complète en rappelant l'héritier légitime, son plus véritable ami naturel. Certes, de pareils faits encore tout récents, et eussent-ils cent ans de date, ne constitueront jamais un droit au profit des héritiers de Louis-Philippe, à l'exclusion du légitime on ne peut plus capable et sans coulpe aucune aux yeux de la nation. Loin de là, s'ils persistent, comme il semble et comme on dit, dans une si insoutenable prétention, cette avidité antipatriotique pourrait fort bien devenir un titre de réprobation définitive parmi tous les partis honnêtes, après les précédents que je viens d'exposer historiquement. Alors les princes d'Orléans ne seraient pas au bout de leurs labeurs, de leur mécompte et de leurs disgrâces. Il est grand temps qu'ils y songent autrement qu'ils le paraissent faire.

Mais n'anticipons point sur les événements ; car je n'ai pas tout dit. Ici je dois placer un triste épisode qu'il est impossible de passer sous silence, la mort soudaine du duc de Bourbon. Je le ferai avec une certaine réserve, sans dire toute ma pensée, de peur d'avoir été trompé sur quelques points ; ce que je voudrais de tout mon cœur avoir été, pour l'honneur des familles princières. Le duc de Bourbon, dernier des Condé, avait conservé de l'ancienne fortune de cette grande maison au moins cent millions de bien. Il avait voulu les léguer après sa mort au duc de Bordeaux. Le généreux Roi refusa, en disant que son petit-fils, héritier de la glorieuse couronne de France, n'avait besoin d'aucun autre joyau. Il savait que la famille d'Orléans convoitait fort la succession ; et comme le duc de Bourbon était parrain du duc d'Aumale, le Roi lui conseilla de tester en faveur de son filleul : ce qui fut ainsi fait, à la grande reconnaissance apparente de la famille d'Orléans. Seulement, de ces cent millions, le duc de Bourbon en donna quinze ou seize à Mme de Feuchère, fille d'un pêcheur de l'île de Wight, qui ne le quittait pas depuis longues années, et qu'il avait faite baronne en la mariant. Elle ne vivait pas avec son mari. Il donna aussi au neveu de celle-ci la belle terre de Flassent, avec cinquante mille francs de rente et le titre de baron. Tout le monde sait l'empire que la Feuchère, née Sophie Daws, exerça au Palais-Bourbon, à Chantilly et à Saint-Leu, où était alors le Prince, et où elle avait remplacé plusieurs domestiques fidèles attachés à sa personne par des créatures à elle.

La révolution orléaniste et les intrigues qui l'avaient préparées, donnaient de vifs scrupules au Prince. Il avait manifesté des regrets dans son intimité; mais il était enlacé, et la Feuchère savait et pénétrait tout. Il manqua de prudence en achetant pour un million d'or et trahissant le dessein de se sauver en Angleterre. Tout indiquait qu'arrivé en lieu de sûreté, il casserait son testament, pour le refaire au profit du duc de Bordeaux, dépouillé. L'occurrence était critique pour les légataires; car c'était une affaire de cent millions. Tout à coup un bruit étrange se répand dans Paris : on annonce que le dernier des Condé *s'est pendu* dans la nuit à Saint-Leu. Nul n'y crut. Les plus violents soupçons s'élevèrent de tous côtés, dans le public et dans la presse. L'habile avocat Hennequin, chargé des intérêts des princes de Rohan, héritiers naturels, se rendit à Saint-Leu pour constater le fait conjointement avec le procureur général Bernard de Rennes, envoyé par la nouvelle Cour. En entrant ensemble dans la chambre mortuaire, ils trouvèrent le cadavre du duc de Bourbon suspendu par les mandibules avec un mouchoir non tortillé, attaché à la poignée de l'espagnolette d'une fenêtre beaucoup plus basse que le cou, auquel il n'y avait d'ailleurs aucune trace de violence qui pût indiquer l'étranglement; mais il y avait des ecchymoses aux bras et aux jambes. Les genoux étaient pliés et les pieds étaient traînants sur le parquet. En ouvrant la porte, M. Bernard, d'une conviction déjà arrêtée, s'écria : « Le prince *s'est pendu !* » M. Hennequin, avec une suspicion non moins arrêtée, à l'aspect de la position et de l'état du corps, s'écria avec énergie : « *Non, il ne s'est pas pendu! Non, il n'a pas été pendu! Mais il a été suspendu après sa mort!* » L'opinion de M. Hennequin était que le Prince, saisi dans son lit par les quatre membres, pendant son sommeil, avait été étouffé entre des coussins. Le lit avait été refait proprement. On remarqua que les pantoufles et divers autres objets n'étaient plus à leur place ordinaire, et d'autres circonstances que j'ai oubliées; il n'y avait plus dans les appartements voisins de celui du Prince aucun domestique sûr à lui, depuis les changements de la Feuchère, qui pouvait à toute heure y monter par le grand escalier et par un escalier dérobé. Je tiens tous ces détails, publiés dans la presse, par les conversations et par le mémoire de M. Hennequin, auquel on peut recourir pour plus ample informé. Deux jours après, l'inhumation eut lieu dans les caveaux de Saint-Denis. Je m'y rendis avec mon fils. Cela me fit l'effet d'une grande profanation, d'une vraie saturnale révolutionnaire. Le corps arriva sur un char avec quatre casques dorés aux angles, et pavoisés de vingt ou trente drapeaux tricolores. Il était escorté par une foule d'hommes armés, sans uniforme pour la plupart, ivres et tenant des bouteilles à la main. C'est ainsi que cette multitude, criant et buvant, entra dans la basilique, toute pavoisée comme le char. Le maréchal Magdonald et les jeunes ducs d'Orléans et de Némours menaient le deuil. Pendant cette bizarre cacophonie (cérémonie si vous voulez), je me plaçai avec mon fils au milieu des gens du défunt. Tous, excepté deux ou trois, fondaient en larmes et en sanglots. J'étais fort triste aussi. Après m'être fait bien connaître, je leur fis à demi-voix quelques questions graves: ils hésitèrent un peu à me répondre; puis il me dirent, avec une vive animation, que c'était une infamie d'attribuer un si honteux suicide au malheureux Prince; qu'il en était incapable; mais qu'il avait été bien imprudent en laissant pénétrer son dessein de *s'embarquer* bientôt, ce qui, avec d'autres observations, leur avait déjà fait prévoir une catastrophe. Il y ajoutaient: « Le Prince était si bienveillant, si bienfaisant, que nous ne lui connaissions pas d'ennemi. Il admettait tout le monde. Il ne peut avoir été *étouffé* (sic) que par quelqu'un qui y avait un grand intérêt et toute facilité avec ses complices. » Ils soupçonnaient hautement *la Feuchère* (sic); il disaient que depuis quelques jours elle était devenue pour lui d'une violence extrême, et qu'ils en avaient eu connaissance. Quelques-uns allaient beaucoup plus loin; mais comme ce pourrait être une témérité, je ne la répéterai pas. Enfin ils ne me celaient pas tout ce que j'ai dit plus haut, et qui me fut confirmé depuis par M. Hennequin. Le fond du mystère ne sera peut-être jamais éclairci. Le secret en est enseveli dans les tombes royales de Saint-Denis, près de celle du duc de Berry, et les soupçonnés, à tort ou à raison, sont morts aussi. Si j'avais été l'un des conseillers de Louis-Philippe, je l'aurais à coup sûr engagé à faire instrumenter de façon à ne pas laisser planer de si fâcheux soupçons en cette affaire.

Toujours est-il qu'il n'y eut point d'autre enquête. La Feuchère ne fut point recherchée; elle a pu continuer d'aller à son aise à la nouvelle Cour. Elle a joui tranquillement, je veux dire sans être inquiétée par la justice humaine, de son immense legs jusqu'à sa mort, qui n'a pas beaucoup tardé, et elle a fait de ses parents, très-pauvres, de très-riches héritiers. Son mari, séparé, qui était un homme d'honneur, a noblement répudié tout ce qui pouvait lui en revenir. Son neveu Flassent avait montré de la douleur d'une telle mort de son bienfaiteur; il mourut subitement, quelques-uns ont dit empoisonné. Dans le royal legs du duc d'Aumale, il y avait une fondation à Saint-Ouen, en faveur des enfants pauvres des chevaliers de Saint-Louis : elle n'a point été accomplie, et je croirais qu'il serait de l'honneur de ce prince d'exécuter cette clause sitôt qu'il le pourra. Le procureur général fut promu à la Cour suprême. J'ai connu de loin M. Bernard, à Rennes, en 1828. Je le crois honnête homme. Il était avocat bien achalandé ; mais il n'était pas riche, ce que l'on attribuait en partie à un malaise d'esprit qui lui faisait transporter son cabinet et ses pénates dans les quartiers les plus reculés de la ville. Il passait alors pour républicain, comme chef d'une des principales succursales de la Société *Aide-toi*. Je ne sais ce qu'il est aujourd'hui. *Honores mutant mores*.

Autre fait, qui n'eut, grâce à Dieu, pas de suite funeste. La légation d'une grande Cour, autrefois notre amie, avait découvert, je ne sais comment, un complot odieux. Un certain C....., médecin et chimiste de son métier, homme insinuant, capable de manier le poignard et la cornue, avait pris ou accepté la mission d'aller offrir ses services à Holyrood, avec l'intention d'empoisonner ou poignarder le duc de Bordeaux. C'est du moins ce qu'on me dit ; car il ne me fut point permis d'aller vérifier par moi-même à la source. Je fus chargé d'aller promptement avertir. On me donna le signalement exact de C...., et une dépêche écrite en encre sympathique. Par précaution, je la déchire en quatre et je la mets avec des papiers insignifiants dans une poche où je ne touchai plus qu'après mon arrivée. Je pars en diligence avec mon fils. Craignant d'être arrêté ou fouillé à Calais, je m'embarque malgré une tempête qui nous retint huit heures dans le Détroit et me rendit fort malade. C'était au mois de février 1831. A mon arrivée à Londres, je cours chez un ex-ministre exilé, correspondant habituel d'Holyrood, encore existant. Je lui remets ma dépêche, qu'il expédia aussitôt à sa destination. Ainsi on fut en garde contre l'homme de malheur. Il y a eu depuis bien d'autres motifs de surveillance autour de l'enfant royal; mais ils n'ont pas été divulgués, et cet échantillon suffit. Si l'on désire savoir comment je fus chargé de cette mission, le voici : j'étais connu pour un homme sûr par tous mes antécédents. Pendant mes fonctions à Paris, j'avais eu des relations fréquentes avec de grandes dames auxquelles j'avais procuré beaucoup de facilités dans les prisons pour ramener au bien les enfants et les jeunes filles perdues. L'une de ces dames était l'intime amie de l'ambassadrice, toujours dévouée à la branche aînée. Le mari, en fin diplomate, ne voulait pas risquer de se compromettre avec la branche cadette en envoyant directement le renseignement, soit qu'il doutât ou non. Voilà ce qui me fut dit. Le reste va de soi, je n'ai pas besoin d'autre explication.

Mon fils, qui voulait voyager pour compléter son instruction en apprenant les langues vivantes, et qui ne s'accommodait pas plus que moi de l'usurpation qui s'intitulait en France le Fait accompli, le Juste-milieu, l'Ordre de choses, comme il vous plaira, nous vécûmes quelque temps à l'étranger chez divers peuples. Je passerai rapidement sur cette triste période de dix-huit ans qui a tout dépravé parmi nous, et devait nous amener logiquement à ce chaos qui nous menace présentement d'une ruine complète et prochaine. Nous en sommes encore si près, que tout le monde la connaît; et comme la plupart la jugent suivant les profits ou les pertes qu'ils y ont trouvées, il est inutile de me faire l'écho de ces passions-là. Je me bornerai à rappeler l'avidité du vaste monopole orléaniste; l'exclusion qu'il donna à tous les autres partis, dont il fit des parias; la corruption ouverte, dont il donna l'exemple dans tous degrés de sa hiérarchie, depuis le fait du 9 août, les affaires Teste et Cubière, Petit, Praslin etc., jusqu'aux positions les plus infimes, enfin son asservissement antinational au cabinet Anglais jusqu'aux mariages espagnols, qui le brouillèrent avec lui; et la vengeance carthaginoise n'a pas été pour rien dans la chute de l'orléanisme. Toutefois, en cette affaire, nous devons le louer sans restriction, ainsi que M. Guizot. Le cas était d'une importance et d'une urgence extrêmes. L'Angleterre allait déchirer à jamais le Pacte de Famille, le chef-d'œuvre politique de Louis XIV. Elle allait imposer un Cobourg à l'Espagne. L'Ordre de choses sentit le danger suprême, résista, le conjura, malgré le risque de rompre la punique alliance d'outre-Manche. En cela il fit une action capable d'atténuer bien des torts envers la France. Si le cabinet anglais eût réussi, dans toutes les guerres qu'il nous susciterait vers le Nord nous n'aurions plus de sûreté sur nos derrières. C'eût été rétablir contre nous les Pyrénées de Charles-Quint. Supposons encore un Cobourg à Madrid : il y en a déjà un à Lisbonne, un autre à Bruxelles, et une fourmilière à Londres; supposons qu'il y ait aussi à Paris une Cobourg luthérienne reine-mère ou régente, comme le voudraient quelques égoïstes mauvais patriotes; certes l'Angleterre aurait beau jeu à faire de la France et de ses anciens alliés autant de Portugals. Voilà l'explication de ses chicanes et de ses intrigues révolutionnaires chez le roi de Naples, en Espagne, chez nous et partout où elle a besoin de diviser pour régner à sa mode, c'est-à-dire, pour assujettir graduellement à sa domination commerciale et à sa politique inique et insolente toutes les nations du Globe. Elle ne sera jamais qu'une fausse et hypocrite amie de celles qui pourraient lui disputer son sceptre usurpé, et elle leur jouera sous main les plus perfides tours qu'elle pourra. Voilà pourquoi elle se moque des principes chez les autres, favorise tantôt les usurpations, tantôt les révolutions, pourvu qu'elles tombent dans ses filets et ruinent les peuples, pourvu qu'elles les empêchent de s'occuper de ses envahissements dans toutes les parties du monde. Voilà pourquoi son aristocratie entretient chez elle une sentine de flibustiers politiques, pour les lancer à sa discrétion contre les gouvernements qui lui résistent. Malheureusement, en divisant aussi les Cabinets, elle a pu parvenir ainsi à créer un parti anarchique dans le sein de toutes les nationalités, et elle en fait aujourd'hui son plus dangereux auxiliaire, qui la dispense de soudoyer des coalitions et de grandes flottes. Certes l'Angleterre ne verra jamais tranquillement la maison de Bourbon régner à la fois dans les deux Siciles, en Espagne et en France. Cela nous donnait trop d'influence dans les deux Péninsules et trop de sécurité chez nous. Il n'y a que des Montagnards français assez stupides ou assez aveuglés par leurs passions pour ne tenir aucun compte de tout cela. J'ai vu chez eux les Anglais se réjouir de la révolution de Juillet. Ils ont triomphé mieux encore à celle de Février, qui nous a mis plus bas. Je suis convaincu que leur gouvernement ne veut pas plus de la branche cadette que de la branche aînée ; et j'ai lieu de croire qu'en ce moment ils sont loin de favoriser la fusion, qui nous rendrait de la force par l'union. Toutes ces raisons, on ne saurait plus évidentes, devraient nous dessiller les yeux. Faisons tout le contraire des iniques intérêts de l'Angleterre, et nous sommes assurés d'être dans le vrai des nôtres.

Nos bons voisins et alliés n'ont pas plus digéré les mariages espagnols, nos campagnes, qu'ils ont pourtant rendues stériles, de Saint-Jean-d'Ulloa, de Mogador, etc., qu'ils n'avaient agréé celles d'Espagne et d'Alger. N'est-il pas révoltant au suprême degré qu'ils nous annihilent au point *de nous faire payer* partout *notre gloire*, comme disait M. Guizot ; tandis que, en vrais forbans qu'ils sont, ils mettent tous les peuples à contribution, en les empoisonnant physiquement ou moralement, jusqu'à la Chine ? Cependant nous avons commis bien des suicides et des sacrifices pour leur plaire ; tels que l'abolition de la Traite et de l'esclavage dans nos chétives colonies, notre coûteuse croisière sur les côtes d'Afrique, le retrait de notre flotte de l'Orient, etc. Rien de semblable n'y fait ni n'y fera. Ils veulent tout ou rien. Point de concurrence commerciale ni politique ; ils ne reconnaissent qu'à eux le droit de conquête et d'envahissement. Ils ont commencé leurs exploits par l'incorporation finale de l'Écosse et l'asservissement spoliateur de l'Irlande. Ah ! si j'étais le maître de la France, j'aimerais cent fois mieux une guerre à mort avec eux, plutôt que leur alliance à ce prix. J'emploierais toutes mes forces navales à les attaquer à leurs arrivages, et je leur donnerais du fil à retordre jusque dans leur repaire insulaire. Je sacrifierais cinq cent mille hommes, s'il le fallait, pour en faire pénétrer cent mille, qui suffiraient pour culbuter la perfide Albion. Elle a autrefois exterminé les loups dans son sein. Un politique de la Montagne, de 93, ne trouvait rien de mieux, pour nous venger d'elle, que de lui en débarquer quelques cargaisons prises dans nos bois. Je lui débarquerais, moi, des nuées de socialistes enrégimentés et bien armés. Quand Bonaparte entra la première fois en Italie avec une armée manquant de tout, il dit à ses soldats, du haut des Alpes, en leur montrant de la main le Piémont : « Vous n'avez ni vivres, ni vêtements, ni argent : regardez ce beau pays ; là vous trouverez tout à souhait. » Ils y descendirent comme un torrent que rien ne put arrêter, et ils trouvèrent l'abondance. Je dirais à mes socialistes, dont la matière ne nous manque point : « Vous voulez déchirer votre patrie, dépouiller vos concitoyens, la plupart déjà peu fortunés, au mépris des lois divines et humaines. Voilà l'Angleterre qui nous a fait mille maux : là vous trouverez les dépouilles de l'univers enlevées par la ruse et la violence. Allez, fondez dessus, et je vous appuierai de tous mes moyens ; jamais butin ne sera de meilleure prise, et il changera en bien votre sort et votre mauvais esprit. » Je parle sérieusement, quelque objection que l'on puisse me faire. Le trajet n'est pas long, la vapeur l'abrége encore et faciliterait l'abordage. La côte opposée aurait beau se hérisser de canons et de yéomanry, nous pénétrerions sûrement par quelque point, surtout dans la malheureuse Irlande, où nous serions bien accueillis comme des sauveurs. Je maintiendrais cette attitude menaçante pendant des années s'il le fallait, en donnant des gages de paix au continent, mécontent aussi lui de la politique britannique. Si le camp de Boulogne et ses péniches causèrent tant d'effroi et de dépenses ruineuses à l'Angleterre, que serait-ce aujourd'hui avec nos moyens nouveaux d'invasion, et notre énorme population, qui ne demanderait pas mieux que d'avoir cet exutoire? Car, pour vivre en paix chez nous, il lui en faudra trouver un. Et comme celui-ci serait populaire et de juste représaille! je crois que cette seule menace ferait trembler ce peuple égoïste, et qu'il ne redoute rien autant pour son insolente prospérité. Je crois aussi que désormais c'est le seul moyen d'en affranchir toutes les nations fortes ou faibles.

Que si l'on m'objecte que cela n'est plus possible, comme ce serait sous l'unité monarchique, je répondrai alors reprenons donc bien vite cette unité, ou sinon brûlons tous nos vaisseaux de guerre et de commerce, abandonnons les pauvres restes de nos colonies, soumettons-nous et acceptons tout des mains des Anglais; car aussi bien tout ce que nous faisons pour leur opposer une chétive concurrence qu'ils *balaieront* du premier coup, comme ils nous disent élégamment, nous coûte beaucoup plus cher qu'il ne nous rapporte. Alors ils nous laisseront peut-être en paix, comme les cent millions d'Indiens qu'ils ont assujettis et ruinés. Oui, je ne cesserai pas de le crier, les Anglais oppriment le monde; ils le pillent, ils l'humilient, ils l'agitent, ils le corrompent, ils l'empoisonnent avec leurs bibles falsifiées et leur opium. Leurs missionnaires ne font de la religion qu'un vil moyen de trafic. Leurs diplomates ne sont que des espions et les plus actifs agents de discorde entre les peuples et leurs gouvernements, et entre les rois même. Partout ils se font ouvertement les patrons et le refuge des anarchistes, afin que l'Europe, sans cesse agitée chez elle, ne puisse avoir souci de leurs vastes usurpations lointaines ni les leur disputer. Les voici arrivés et déjà campés sur les confins de la Chine ; ils ont un pied chez elle à Hong-Kong : avec ce seul levier, malheur au céleste Empire ! Ils l'auront bientôt révolutionné et bouleversé. La proie est immense, ils l'auront bientôt épuisée. De là ils trouveront bien le moyen de pénétrer de même dans le mystérieux Japon ; et tous ces trésors, apportés dans les brouillards de la Grande-Bretagne, lui serviront à dominer la vieille Europe pendant des siècles. Le seul frein que son insatiable avidité ait à craindre pour ses projets, est le triple sceptre de France, d'Espagne et de Naples dans la maison de Bourbon, parce qu'il lui serait impossible de former des coalitions dangereuses contre elle. Depuis la renonciation de l'Autriche aux Pays-Bas, nous n'avons plus de sujets d'hostilité permanente avec cette puissance ; et il nous serait aisé, avec un gouvernement légitime, de nous entendre parfaitement avec la Russie sur la grande question orientale, si redoutée et reculée par l'Angleterre. Je dis donc que la puissance qui renversera cette dernière, se couvrira d'une gloire éternelle, et aura rendu à tous les peuples de la terre et à la justice humaine le plus grand des services. C'est mon perpétuel *delenda Carthago*. Toutefois, pour cela, j'avoue que le plus pressé est de *delere* le socialisme.

J'avais besoin de cette digression, et je reprends mon

récit à la catastrophe de Février. Elle était prévue, elle était inévitable, de par le droit d'insurrection que le nouvel *Ordre de choses* avait reconnu, et qui était en effet son seul titre ; mais on ne l'aurait pas crue si prochaine, si complète et si peu disputée. Au moins Charles X se retira en roi avec tous les siens, en plein jour, sans inquiétude personnelle, sans aigreur, sans remords, bien accompagné ; nul n'eût osé le poursuivre. Un vaisseau de l'État l'attendait à Cherbourg, et il y monta avec son noble drapeau. Louis-Philippe s'esquiva furtivement, sans tambour ni trompette, déguisé, dans un espèce de coucou, plein de terreurs et de regrets peut-être. Où étaient alors ses partisans et obligés ? Il fut huit jours dans cet état, caché et fuyant sans le plus léger bagage, et sans qu'on sût ce qu'il était devenu. On ne daigna ni l'escorter, ni le poursuivre et l'arrêter. Sa famille fut réduite à s'éparpiller, pour se sauver dans toutes les directions. On dit même que la précipitation avait été telle, que le duc de Montpensier avait oublié sa femme dans un bain. L'*austère* Lamartine, qui jadis avait brûlé vainement de l'encens devant lui pour en obtenir un portefeuille ou une ambassade, s'écria qu'*il était tombé sous la révolution du mépris*. C'était le coup de pied de l'âne ; mais le mot fit fortune en France. Il n'y eut jamais de chute plus lourde, plus profonde, ni plus humiliante et moins digne. Aujourd'hui, ces restes de fidèles comblés de ses biens, qui l'abandonnèrent honteusement au dernier moment, osent nous dire qu'il est tombé sous les coups des légitimistes ! Quelle pitié ! C'est se moquer des gens à la face du soleil. Si cette audacieuse imposture était une vérité, les légitimistes n'auraient pas encore à en rougir ; car d'abord ils auraient été dans leur droit, d'après la maxime que les imposteurs eux-mêmes avaient consacrée, savoir : Que *l'insurrection est un devoir*. Ensuite Louis-Philippe avait fait violence à leurs intérêts et sentiments, il n'en avait fait que des parias politiques et non pas ses sujets ; ils ne lui devaient absolument rien. Il est bien vrai qu'attendu leurs justes griefs, un grand nombre d'entre eux n'ont pas pleuré sa chute ; et pourtant beaucoup aussi, et des plus sages, la redoutaient, parce qu'ils prévoyaient ce qui nous est venu à la place de pire, sans contredit. Mais a-t-on vu un seul légitimiste aux barricades de Février et aux banquets et autres manœuvres qui les ont préparées ? Demandez-le aux coryphées de l'Opposition d'alors, aujourd'hui défenseurs de l'ordre. Bien loin de là, les légitimistes se réunirent partout aux orléanistes, pour empêcher les derniers excès dont on était menacé. C'est un fait incontestable. Ceux qui font cet impudent mensonge seraient-ils blessés de ce que, à leur défaut, les amis de la Légitimité ne se sont pas sacrifiés pour la défense de l'usurpation ? Cela serait par trop bouffon, comme les farces de Polichinelle, où ce sont les battus qui paient l'amende. Ces Messieurs auraient-ils oublié qu'à leurs *Glorieuses* ils se nommèrent les vainqueurs, et les légitimistes les vaincus ? A qui était-ce donc à se battre pour Louis-Philippe, sinon à ceux qui l'avaient intronisé ? Et lorsqu'on n'en a pas vu un seul le faire, que je sache, cette cause qu'ils ont fait triompher parmi nous pour l'exploiter seuls pendant dix-huit ans, et qui a jeté une si grande perturbation dans la moitié de l'Europe, ils l'ont abandonnée en masse le jour de sa chute. Et, ce qui est encore plus révoltant, aujourd'hui qu'il s'agit d'une fusion qui serait notre plus grand moyen, pour ne pas dire notre seule planche de salut à tous, on voit encore une pléiade des anciens promoteurs de l'Orléanisme non corrigés faire des efforts pour l'empêcher; s'imaginant apparemment remonter seuls sur leur bête, comme on dit vulgairement. Je le demande, cela est-il tolérable? Cela n'est-il pas surtout d'un égoïsme antipatriotique d'autant plus odieux qu'il n'a aucune chance d'un nouveau succès? Je sais que tout ce que ce parti eut d'estimable et de distingué, se rallie noblement en ce moment au principe violé en 1830, à peu d'exceptions près qui viendront plus tard, et que ce travail, qui se fait à leur grand honneur, peut produire la plus heureuse solution, à la honte éternelle des récalcitrants qui l'entravent.

Puisque la pléiade dont il s'agit persiste en ses menées, il faut en discuter la doctrine et les conséquences. Examinons donc le langage qu'elle tient dans ses journaux tarés par cent palinodies. Ces messieurs veulent ostensiblement des princes à leur image, et un roi régnant nominalement; mais ne gouvernant que par eux. Qu'il soit majeur ou mineur, c'est la seule royauté qui leur convient. Une régence féminine et protestante leur conviendrait encore mieux. Je ne sais s'ils sont galants; mais je sais qu'ils ne sont pas dévots. En cas d'impossibilité pour le présent, ils veulent et ils ont tenté déjà de faire rappeler les princes d'Orléans, comme des amnistiés vulgaires, et, par un subterfuge grossier, faire de l'un d'eux un président qui confisque encore une fois monarchie et république, en réintronisant la branche cadette. En cas d'obstacle encore, ils veulent tenir les Princes en disponibilité aux ordres capricieux de la

Révolution, qu'en toute occasion favorable ils soumissionnent devant elle le pouvoir au rabais, comme des entrepreteneurs de maçonnerie ou autre spéculation; c'est-à-dire, toujours chercher à gagner au jeu sans y rien mettre, en faisant sauter la coupe ou bizeautant les cartes ainsi qu'ils l'ont fait dans leur *meilleure des républiques*, qui n'a été réellement que la plus détestable des monarchies. Ce sont ces mêmes hommes qui nous feraient à présent de la monarchie la plus détestable des républiques. Ce n'est pas tout; ils osent avancer que la branche cadette n'a rien à gagner en se fusionnant avec son aînée : parce que, disent-ils naïvement, si celle-ci est rappelée en première ligne par le vœu national, l'autre la suit naturellement sans risque; et si elle ne l'est point, l'autre doit conserver isolément ses chances et sa liberté d'action, suivant les occurrences! Toujours l'esprit d'usurpation et de cyniques roueries continues! Voilà qui est charmant, bien moral, bien honorable pour les fils de saint Louis, bien rassurant pour le repos de la France, l'hérédité des familles, etc.! Il suffit d'exposer une pareille politique pour la livrer au plus accablant mépris des bons Français. Nos roués ne l'ignorent pas, ils ne sont pas assez aveugles pour cela; mais ils savent parfaitement aussi que le comte de Chambord ne peut, ni en conscience, ni en honneur, ni en sûreté, accepter aucun de ces rôles infâmes; qu'il préférera toujours, dût-il y mourir, conserver dans l'exil son droit, qui se confond avec son devoir, c'est-à-dire, garder intact le principe précieux que seul il représente pour notre pays. Telle est la politique évidente de ces messieurs. Il s'agit d'exclure encore une fois ce droit et ce principe par un tour d'escamotage. Il ne s'agit pas pour eux de relever la France aux abois; mais seulement de la réexploiter encore entre eux et leurs amis. Ils en ont qui ne manquent pas de savoir-faire et d'appétit quand les choses vont bien; mais quand elles vont mal, ce sont des puritains qui disparaissent en criant aux autres : Courez au secours; puis, quand la bourrasque est passée, ils se remettent sur les rangs en accusant de leurs propres fautes et couardise ceux qui n'en ont jamais été que les victimes.

Malheureusement, les princes d'Orléans, soit par un faux amour-propre, soit par une fausse entente de leurs vrais intérêts et de leur gloire, soit enfin par un fatal penchant aux traditions de famille, malgré leur punition réitérée, semblent suivre ces conseils pernicieux et indignes de leur sang. C'est bien méconnaître l'état des esprits en France. On y avait répandu que, pendant les derniers mois de sa vie, Louis-Philippe, ramené par son malheur aux meilleurs sentiments, n'avait cessé de recommander à ses enfants le retour au principe et à la loi de la Légitimité; que tous le voulaient, parlaient et écrivaient dans ce sens à leurs familiers; qu'il n'y avait de résistance que chez la duchesse d'Orléans, prétextant l'intérêt mal compris de ses deux fils dans une succession qui ne leur appartient pas encore, qu'elle compromet fort par cette conduite, et qui ne peut leur être assurée qu'en la légitimant d'après l'antique loi de la monarchie, base et sommet de tout notre droit civil et de notre état social : formalité aussi féconde que facile à remplir, puisque le comte de Chambord ne demande pas mieux et n'a pas d'enfants. On espérait que la duchesse d'Orléans ne tarderait pas à se rendre à des raisons si claires, si justes et tant désirées par les honnêtes gens. Sur ces seules annonces, un grand nombre de rapprochements heureux avaient déjà eu lieu. Les esprits les plus irrités contre l'usurpation qui a causé nos malheurs, tendaient à se calmer ; quand le journal des Débats et les autres organes de la coterie antifusionniste sont venus désenchanter tout le monde. Le mouvement s'est ralenti. L'ancien parti conservateur s'est divisé. L'espoir de la seule solution possible s'est éloigné. Toute la presse socialiste, qui en redoutait les conséquences, s'est mise à tirer à boulets rouges avec tous ses sarcasmes contre la fusion et les fusionnistes, en acclamant d'autre part avec de perfides gloses les mandements de l'archevêque de Paris. Ah ! que ce parti a donc bien mieux l'intelligence de ce qui le sert, que les partis de l'ordre.

Les bruits de fusion du côté de Claremont étaient-ils controuvés ? Ou n'étaient-ce que de nouvelles jongleries pour capter la masse des légitimistes et des honnêtes gens en général, qui l'appellent à grands cris, en demandant le oui ou le non, pour leur gouverne ? On a lieu de le croire aujourd'hui, et on s'en indigne. Le manifeste de Venise, ce chef-d'œuvre de générosité, de grandeur d'âme, de haute politique conciliatrice, d'intelligence de la situation et des vrais intérêts nationaux, où tout est dit en peu de phrases, où tout est à louer et accepter, et pas un mot à retrancher ; ce chef-d'œuvre, dis-je, a constitué authentiquement les princes d'Orléans en demeure aux yeux du monde. Ils auraient dû courir, voler immédiatement à l'appel du comte de Chambord. Et tout ce qu'il y a d'honnête en Europe, moins l'Angleterre et le Socialisme, leur eût battu des mains avec joie ; car cette seule démarche eût fort contribué à ramener la confiance générale. Eh bien, les princes d'Orléans n'ont pas répondu aux vœux de la France en péril et de la justice. Ils y sont restés sourds. Ils résistent ou hésitent encore. Je conçois que madame la duchesse d'Orléans, issue d'un petit prince d'Allemagne, élevée à l'alliance de la première maison de l'Europe, à cause du vice d'usurpation révolutionnaire qui avait fait frapper en vain la branche cadette à la porte des grandes cours ; je conçois, dis-je, que madame Hélène de Cobourg pourrait être flattée du titre de reine-mère ou régente d'un si beau royaume. Mais cette princesse s'imaginerait-elle qu'en sa qualité de mère du comte de Paris, elle n'aurait pas toujours une grande position sous le sceptre d'Henri V ? Ce serait une erreur ; apparemment qu'elle ne s'en contente pas. Qu'elle ne vienne donc pas nous alléguer les droits et les intérêts de ses enfants ; car, d'après ce qui précède, ces droits et ces intérêts sont incontestablement nuls autrement qu'en seconde ligne, et elle risque excessivement de les compromettre par une plus longue résistance. Ainsi que je l'ai déjà dit, ces droits ne sont que des prétentions fondées sur l'injustice et déjà condamnées par le peuple même. Nous avons dans nos lois des dispositions qui prononcent la déshérence, pour cause d'ingratitude et d'indignité des héritiers envers leurs auteurs. Nous sommes en révolution qui pourrait bien forcer l'application du droit civil au droit dynastique, et ici on ne saurait disconvenir qu'elle agirait avec une justice fort logique. Que madame d'Orléans ne revienne pas surtout, comme on l'a fait imprudemment en son nom, exciper d'un étrange testament attribué à son feu mari, où il lui recommanderait d'élever ses enfants *en amants passionnés de la révolution* (sic) (on entendait sans doute la *révolution orléa-*

nière) : car ce serait un titre d'exclusion aux yeux de la France, qui n'en veut plus à aucun titre et qui aspire ardemment au repos. Enfin, qu'elle considère que le gros et le meilleur de la nation ne verrait pas avec plaisir ni confiance une princesse luthérienne dominer le trône. Louis-Philippe lui-même a si bien senti ce danger pour sa dynastie, qu'immédiatement après la mort funeste de son fils, il en fit disposer autrement en faveur du duc de Nemours dans sa loi de régence, toute autre affaire cessante. Que veulent donc ces prétendus amis du feu roi et de sa famille qui empêchent, dit-on, la fusion ? Ils veulent, comme je l'ai dit, une régence féminine sous leur férule, et peut-être aussi le protestantisme allemand sur le trône ; ce qui serait une source féconde de révolutions sans fin. C'est déjà un sujet d'inquiétude pour les catholiques, même les plus tièdes, que les jeunes princes soient élevés jusqu'à ce jour sous cet ombrage. J'ai connu bien des luthériennes et autres prétendues réformées. Je ne leur refuse pas la capacité et les bonnes qualités domestiques, mais je n'en ai guère vu qui n'eût l'esprit faussé par sa secte. Elles ont presque toutes une sorte de pédantisme excentrique qui n'est pas dans le goût des Français, et qui ne pourrait qu'alarmer le clergé et les fidèles. Quant à madame la duchesse d'Orléans, je n'en dirai rien sur ce sujet ; je n'ai jamais eu l'honneur d'approcher d'elle. Cependant, qu'elle me permette de lui dire que l'exhibition qu'elle a faite du testament du feu duc son mari, n'est pas de bon augure. Ce document est dans des termes tels, qu'il eût été sage de le supprimer. Il eût été bon à mettre dans l'oubli, avec certaine lettre de ce prince où il engageait les soi-disant patriotes de l'Ouest, en 1832, à courir sus à la duchesse de Berry et ses défenseurs. Que l'on compare ces documents aux testaments de Louis XVI et de Marie-Antoinette, et à toutes les lettres connues du comte de Chambord ; et il sera aisé de constater la grande différence de sentiments qui existe dans l'esprit et le langage des deux branches. Pendant qu'elle était au pouvoir, qu'a donc fait madame Hélène d'Orléans pour être aujourd'hui si hautaine, pour élever tant de prétentions et de récalcitrance à l'appel des partis honnêtes qui s'efforcent louablement d'opérer enfin une grande conciliation, seule capable de sauver la France dans une terrible crise prochaine où nous sommes tous menacés de périr? Elle recevait et protégeait beaucoup de gens qui n'étaient pas assurément l'honneur et la crème du pays. Pour quelques versiculets à sa louange, elle a fait pair de France un poète romantique, boursoufflé et peu moral, lequel se moque d'elle maintenant en se faisant socialiste, et sera demain tout autre chose ; car il a chanté tous les extrêmes et tous les pouvoirs. La rimaillerie et la pédagogie ont mené aux plus hauts rangs. A ce compte, qui empêcherait les Quinet et les Michelet d'y arriver aussi? N'était-ce pas déprécier ces hautes récompenses nationales? Qu'on les donne à de grands magistrats expérimentés, à d'illustres guerriers, à la bonne heure. Les pédants reprochaient à quelques-uns de ces derniers de faire *des cuirs* de langage : oui ; mais, en revanche, ils écrivaient aussi fort correctement de leur épée sur *le cuir* des ennemis de la France, et cela lui est plus utile que le pathos rimé et non rimé des écrivassiers bouffis d'orgueil et vides de toute science pratique qui pullulent parmi nous. De plus, madame Hélène d'Orléans n'est pas reconnaissante envers les légitimistes ;

car, sans eux, elle n'eût certes pas obtenu sa pension de trois cent mille francs. Ils ont bravé leurs souvenirs et l'impopularité qui s'attachait à ce vote, pour faire à la mère du comte de Paris cette galanterie, qui leur sembla de bon goût. On dit aussi que madame Hélène de Cobourg d'Orléans n'élève pas avec beaucoup de zèle ses enfants dans la religion catholique, ou du moins qu'elle ne le fait que pour la forme. Qu'elle y prenne garde ; depuis Clovis, il n'y eut jamais ni rois ni reines protestants sur le trône de France, et le protestantisme allemand de Luther n'y serait pas plus souffert que celui de Calvin. Ce n'est pas la coterie antifusionniste qui l'y maintiendrait, bien qu'elle puisse avoir ce dessein peu secret en vue. Le grand roi Henri IV lui-même, malgré sa légitimité et ses victoires, fut forcé d'abjurer le Calvinisme ; sans quoi il n'eût pas été reconnu. Il le fit ; et, ce qui ajouta beaucoup à sa gloire, c'est de l'avoir fait sincèrement. Il comprenait d'ailleurs parfaitement l'esprit et les grands intérêts de sa patrie. Voilà un précédent qui fait intégralement partie de notre antique droit national dans la succession monarchique. On ne le violerait pas impunément. Si la branche cadette l'entreprenait, elle s'exposerait à être rayée définitivement de la généalogie royale en tant qu'héréditaire. Nous ne sommes pas dans un temps ordinaire. La France ne veut pas périr, et une juste élimination ainsi motivée lui serait fort facile. Malgré nos révolutions hérétiques en politique plus qu'en religion, les dix-neuf vingtièmes au moins de la nation sont restés catholiques ; et le mouvement qui se fait en ce moment, les y porte plus que jamais, comme le meilleur refuge contre les maux que nous souffrons. Sans aucun doute, ils ne toléreraient pas longtemps une cour luthérienne entourée des pédants sceptiques ou athées que nous connaissons par leurs œuvres, et qui seuls pourraient y applaudir. Nous aurions bientôt une vaste guerre civile plus redoutable que la Ligue, où périrait à jamais la branche cadette tout entière. Après les bouleversements qui ont tant affaibli, par les soins de la punique Angleterre, toutes les nations catholiques, la France, avec un gouvernement normal, serait plus que jamais à leur tête.. Veut-on la faire déchoir de ce beau rang? Veut-on, pour servir les Anglais, lui faire perdre pour toujours sa légitime influence dans les deux Péninsules italique et ibérique, dans une grande partie de l'Allemagne, en Amérique et en Orient? Ce serait bien digne de la stupidité révolutionnaire et de tous les suicides qu'elle nous a fait commettre; mais celui-ci serait à coup sûr le pire de tous. Qui nous dédommagerait jamais de ce beau rang perdu? Serait-ce celui de nous mettre à la tête d'un cataclysme universel, en brisant chez tous les peuples tous les sentiments du bien et du mal, toutes les notions du juste et de l'injuste, et en les soulevant contre toutes les lois divines et humaines? C'est bien là l'affreux travail du Socialisme de nos jours; mais ce serait là la fin du monde, et il n'est pas croyable qu'il y réussisse de sitôt. Il se noiera dans des torrents de sang, s'il n'est pas réprimé à temps. Le comte de Chambord, c'est-à-dire Henri V, est évidemment le seul recours contre tant et de si grands maux présents et dangers ultérieurs, et le recours urgent, oserai-je vous dire, n'en déplaise à la politique girouettante des Lamartine, des Girardin, des Hugo, des Ledru et quelques centaines d'autres acrobates qui dansent avec eux sur la corde roide; n'en déplaise aux grimauds du nébuleux philosophisme Cousin (ex-pair de France), Michelet, Quinet et autres rafistoleurs ou rénovateurs des platitudes anciennes, qu'ils nous donnent avec orgueil pour des inventions écloses de leur cerveau : gens assurément bien suffisants, tous tant qu'ils sont ; mais devenus pour cela bien incapables de toute science pratique, et de sentir toute vérité positive, à force d'avoir outré leurs chimères. Je conseille à madame Hélène de Cobourg, veuve d'Orléans, de ne pas se fier ou fonder sur une alliance très-facile, moyennant salaire, avec aucune troupe d'histrions politiques ou philosophiques. Ils ont le cerveau trop mobile et trop mal meublé, et le pied trop léger pour lui assurer aucune fermeté. Et, s'il est vrai, comme on le dit partout, que c'est elle qui, dans de tels desseins et par de tels conseils, entretient la division parmi nous et jusque parmi les princes, elle se charge là d'une bien imprudente responsabilité, dont elle ne tardera guère à se repentir.

J'adjure les princes d'Orléans de réfléchir mûrement à tout cet exposé, et aux funestes conséquences de leur recul de la fusion que leur demandent avec instance l'élite et la grande majorité de la nation. Mais on le leur demande par la voix authentique, et non pas par d'équivoques bouts de lettres plus ou moins significatives ou évasives, écrites habilement à des amis qui s'en servent officieusement selon les gens et le temps. Cela n'engage à rien. Cela n'est point digne de leur rang. Enfin, cela n'opérerait point assez généralement la grande conciliation dont nous avons incessamment besoin pour dompter l'anarchie qui nous ronge. Chaque jour de retard leur fait un tort infini et désole les gens de bien. Chaque apparence de mauvais vouloir fait dire : « Mais ces princes d'Orléans ne sont-ils donc que des égoïstes vulgaires, sans équité, qui ne comprennent ni leur devoir, ni la dignité de leur sang, ni les extrêmes besoins et les vœux de la France? Veulent-ils donc perpétuer chez nous l'esprit d'usurpation et de révolution? Arrière, s'il en est ainsi! »

Cela dissout incessamment les partis honnêtes. Chacun y voit trop clairement qu'il s'agit d'exclure encore une fois, par de vrais tours de gibecière, comme la proposition Créton, le comte de Chambord, seul héritier naturel et légitime, au profit unique d'une famille sans scrupule comme sans droit immédiat, en lui sacrifiant les grands intérêts et l'honneur même de la France. Chacun voit que cette famille n'agit ainsi que parce qu'elle n'a pas la patience d'attendre légalement une couronne qui ne pourrait lui échapper si elle l'attendait honnêtement, puisque le comte de Chambord n'a pas d'enfant, et que, pour le salut du pays, il vient encore de faire un appel solennel et bienveillant à ses collatéraux, tout mal empressés qu'ils sont. Or, c'est là évidemment une usurpation continue, et partant, la révolution continue; car l'une ne marchera sûrement pas sans l'autre, dans l'état actuel où elles ont plongé la société toutes les deux, on ne saurait trop le redire. C'est là un jeu qui nous mène infailliblement à une ruine complète, qui ne nous laissera plus que des princes décriés dont personne ne voudra en dernier lieu. Les uns se jetteront à corps perdu dans une anarchie sans frein. Les autres se réfugieront dans un simulacre de république, pour laquelle nul de nous n'est propre par ses antécédents et ses mœurs. Tout se résoudra en un chaos démagogique inouï.

On dit M. Thiers en tête de cette folle utopie, lui qui

a si bien combattu toutes les autres ! Et cela serait uniquement parce que son ancien rival, M. Guizot, aurait habilement pris les devants du bon parti, en se mettant au sommet du parti fusionniste ! J'ai peine à croire à cette aveugle faiblesse de la part d'un esprit aussi étendu que celui de M. Thiers. J'ai parlé ailleurs de son rare talent, de sa grande capacité de servir ou de nuire, selon la ligne où il se placera, et de l'utilité qu'il y aurait à le compter dans les rangs de l'ordre. Si l'imputation est vraie, qu'il y prenne garde ; car il se perdrait définitivement. Il se trouverait placé entre le ressentiment des gens de bien, qui le fuiraient, et la vengeance des Rouges, qui ne lui feraient pas quartier.

Discutons maintenant les deux contingents opposés de la question fusionniste. Qu'arriverait-il si la branche cadette escamotait encore une fois la couronne, appartenant à la branche aînée par le droit traditionnel de la nation, commun avec celui de l'hérédité dans les familles en général, dont il est la première et la plus sûre garantie ? D'abord, les princes d'Orléans n'auraient pas, cette fois, la mauvaise excuse de leur père, qui, après avoir reconnu solennellement et itérativement lui-même la nécessité de ce principe, l'a néanmoins violé en 1830, sous le vain prétexte qu'il aurait été forcé par le feu de l'insurrection, qui pourtant l'avait si singulièrement avantagé, et qu'il n'aurait consenti à l'usurpation que pour éviter la république que nous avons *le bonheur de posséder aujourd'hui.* J'ai pesé avec attention les discours qu'on lui attribue pendant les derniers mois de sa vie, soit pour justifier sa conduite à l'époque de son intronisation, soit pour couvrir l'humiliation de sa dégringolade si brusque ; j'avoue que, pas plus que le public, je n'ai été satisfait de la pauvreté de ses arguments. J'ai trouvé aussi qu'il sautait fort lestement par-dessus les faits d'usurpation flagrante, et les faits non prouvés ; mais dont il a été bien fâcheusement soupçonné. Cela valait la peine d'une justification quelconque ; et il n'a pas daigné seulement en parler. Apparemment qu'il ne l'a pas jugé prudent. Napoléon, à Sainte-Hélène, n'a pas cru, lui, pouvoir s'abstenir d'une explication, à son point de vue, du fait d'usurpation, du meurtre du duc d'Enghien, de Pichegru, etc. Ensuite, je me suis dit : Si Louis-Philippe a été si violenté par ce qu'il a appelé lui-même les Glorieuses, pourquoi, après le calme rétabli, n'a-t-il pas rappelé l'héritier légitime qu'il avait dépouillé ? Loin de là, je l'ai vu le proscrire, je l'ai vu continuer de chanter la *Marseillaise*, offrir des poignées de main au premier venu, et à moi-même, qui lui ai refusé la mienne avec pitié. Je l'ai vu passer du Palais-Royal aux Tuileries ; pousser à outrance la duchesse de Berry dans l'Ouest ; faire condamner les légitimistes aux galères, après les avoir bannis de toutes les places ; rendre les ordonnances de Septembre contre tous les partis qui n'étaient pas le sien, etc., etc. Point de doute qu'il a bien préparé, bien voulu et maintenu l'usurpation tant qu'il a pu, le tout fort sciemment. En lisant donc sa propre apologie et celle de ses officieux, qui se moquent assez de nous pour vouloir nous en faire un grand saint, le monde y répond : Non, cet homme-là n'était pas franc !

Eh bien, si les princes d'Orléans pouvaient, contre toute attente, consommer une seconde usurpation, qu'arriverait-il ? Ils n'auraient seulement pas pour eux les prétextes de Juillet ; car, dans l'exil même, ils se seraient donné le très-fâcheux relief de s'être refusés à tout accord avec le vœu de la France en péril, et d'en avoir suborné une partie pour s'imposer encore illégitimement au tout. Par ce seul fait ils auraient perdu à jamais le droit d'invoquer le principe de la Légitimité, aussi nécessaire aux Rois qu'aux peuples. Ils seront de nouveau justement culbutés à courte date. Ils ne feront ainsi que perpétuer et même légitimer l'esprit révolutionnaire, à leurs propres périls et continuels soucis. Ils seront entièrement décriés dans la conscience des partis. Des nuées de pèlerins encore plus nombreux iront rendre leurs hommages au digne représentant du principe dans l'exil. Une masse énorme de mécontents de toutes couleurs dégagés de tout devoir envers l'injustice, ira se rallier au bon ou au mauvais parti. L'agitation et la misère, sa compagne, ne cesseront de croître. Bientôt la dernière catastrophe arrivera, et alors c'en sera fait pour toujours des prétentions de la famille d'Orléans et de ses possessions en France. On s'habituera (et moi-même qui parle ainsi) à se passer de princes qui ne montrent aucune supériorité sur les ambitieux les plus vulgaires, aucune générosité, aucun patriotisme, aucune abnégation de leur personnalité, et qui se mettent à la tête ou à la suite d'une coterie d'intrigants qui placent leur fortune dans les violations du droit politique et traditionnel de la nation. On en viendra à croire que la race bourbonienne a été intervertie dans Philippe-Égalité, comme il l'a soutenu, et qu'il était réellement fils du cocher Monfort. Un immense dégoût s'emparera des honnêtes gens. On en viendra à subir machinalement tel ou tel régime, tel ou tel despote, si méchant qu'il soit. Il n'y aura plus ni tradition ni garantie pour personne. La France, veuve de tous les principes qui l'ont fondée, tombera dans l'idiotisme moral, et enfin dans l'affreuse jacquerie du Socialisme, qui nous proclame chaque matin son programme par toutes ses trompettes. Alors nous aurons cessé d'exister comme nation civilisée. Voilà où nous mènent plus rapidement encore les très-injustes prétentions et les très-impolitiques refus ou délais des princes d'Orléans, quand il n'y a plus un instant à perdre pour se rallier sous la bannière des principes, afin de repousser l'horrible anarchie qui nous presse déjà l'épée dans les reins. Qu'on lise ses mandements quotidiens, ne semblent-ils pas rédigés dans les Bagnes? Mais aussi, il faut en convenir, si la gangrène se montre ainsi à front découvert dans la première famille de France, cela ne l'autorise-t-il pas dans les bas lieux?

Et qu'on ne vienne pas me dire que je suis trop sévère et trop sombre. Les faits que j'expose sont-ils vrais et patents, oui ou non, pour tous ceux qui ont des yeux et des oreilles? Et les conséquences que j'en tire ne sont-elles pas logiques et rapides dans leur marche? Quand les torts ne cessent point et accélèrent notre décadence, le monde qui en souffre doit-il demeurer inertement bâillonné? Depuis quand n'est-il plus permis d'écrire l'histoire contemporaine? Que si quelqu'un me reprochait de faire ici une nouvelle satire Ménippée, je m'en ferais gloire; car cette pièce contribua beaucoup à éteindre le feu de la Ligue. Au surplus, ceux qui encensent et conseillent si mal les princes d'Orléans, sont moins leurs amis que moi, qui suis pleinement désintéressé dans leurs destins. Je n'ai rien à en attendre ni en craindre, quoi qu'il arrive. Je suis d'avance impassiblement préparé à subir tout événement. Je crois que, s'ils daignaient m'écouter, la France et eux surtout y gagneraient infiniment. L'esprit de la satire Ménippée sauva ceux mêmes qu'elle censurait ; car une terrible réaction commençait déjà à s'élever contre eux. L'autorité d'Henri IV rétablie pardonna tout ; couvrit tout de son égide et remit tout à sa place en sécurité, comme ne manquerait pas de faire Henri V, son petit-fils. Or, qu'on réunisse en un même recueil le discours de M. Berryer, la lettre approbative de Venise, les deux lettres de MM. Pageot et Anot de Maizière, et l'on aura un traité complet et vrai sur la seule solution qui puisse nous tirer de notre dangereux état présent.

Voyons maintenant ce qui arriverait naturellement si la conciliation réclamée à grands cris par la masse des esprits intelligents et honnêtes, s'opérait sérieusement dans un court délai. Il est permis de croire, et tout l'indique, qu'une si puissante agrégation d'intérêts moraux et matériels et de hautes capacités ne tarderait pas à dompter la turbulence de cette cohue de vipères et de loups enragés qui ont l'audace de nous menacer d'un massacre universel, et qui n'ont réellement de force et de chance que dans notre trop longue mansuétude et notre désunion. Car, je le soutiens toujours, quel que soit leur nombre, si, selon la bonne école de Napoléon, on faisait faire à ces Babeufs quelques évolutions dans la plaine de Grenelle, en moins d'un mois il ne serait plus question du reste. A l'instant nous verrions reluire l'aurore de notre renaissance, parce qu'on sent généralement qu'aucune autre solution que la fusion et le rétablissement de l'autorité légitime et héréditaire ne peut durablement remplacer celle-ci. Il resterait sans doute bien des questions et difficultés à résoudre ; mais elles le seraient par la force des choses, par l'extrême impatience des honteuses misères présentes, et surtout par le souvenir des atroces complots qui font trembler depuis trois ans la grande masse des faibles. Qu'on punisse les meneurs comme ils le méritent, et aussitôt vous verrez les faibles devenir les plus ardents à la charge contre les coupables. J'ai vu cela cent fois. Ce serait bien merveille si les principales forces réunies d'une société qui se prétend à la tête de la civilisation moderne, ne parvenaient pas à dompter celles de l'anarchie. A-t-on oublié que la formidable jacquerie du seizième siècle, modèle de celle-ci, fut exterminée, en moins de rien, avec beaucoup moins de moyens? Veut-on laisser réaliser, par d'ignobles bandits, l'apologue de la queue contre la tête du serpent? Non, non! Nous pouvons être assurés que de la seule réconciliation sincère des Princes et des partis honnêtes, une fois authentiquement reconnue, surgiraient aussitôt la confiance et l'espérance. Il se ferait dans la nation un travail plus facile et plus rapide qu'on ne saurait se l'imaginer, dans l'impuissance de nos incertitudes actuelles. Les princes d'Orléans, abjurant des droits illusoires, des prétentions injustes, des vues chimériques et des traditions de famille détestables, placés enfin sur le terrain solide de la Légitimité, acquerraient bientôt des sentiments et un lustre dont ils ont été privés jusqu'ici, et qu'ils n'atteindront jamais en restant sur la rive opposée. Tout leur viendrait à souhait sur la nôtre, pour peu qu'ils y viennent avec franchise. Tout vient à point à qui sait attendre, dit une sage devise; et le véritable héritier n'a pas d'autre postérité qu'eux. Après lui ne seraient-ils pas heureux d'invoquer pour eux-mêmes le principe qu'il importe d'ailleurs de rétablir pour la stabilité du pays? Sans cela, qui les affermira dans la magistrature royale ? Ils sont donc les premiers intéressés à se légitimer en se soumettant à ce baptême nécessaire. Par ce seul fait ils gagnent, comme par un coup de filet, tout ce qu'on appelle le grand parti-légitimiste ; que leur refus tiendra éternellement très-éloigné d'eux. Y a-t-il à balancer ? Alors, avec le comte de Chambord pour chef, nous aurions une magnifique maison royale, pleine de sève et de vigueur, capable de repousser au loin tous les ennemis de la France.

J'avoue que je ne puis pas comprendre la politique résistante ou expectante de la famille d'Orléans. Elle me paraît aussi contraire à ses vrais intérêts qu'à ceux du pays et à la dignité du sang des Bourbons. Car, encore une fois, elle s'abuse si elle prétend revenir seule trôner sur nous avec ce qui lui reste de son ancien parti. C'est courir de nouveau à une nouvelle et prompte chute, en supposant leur usurpation encore faisable ou même faite. Je ne suis pas surpris que cette conduite révolte tant de cœurs. Si j'étais un petit Machiavel orléaniste, je dirais aux princes d'Orléans : « Hâtez-vous d'accepter la fusion, elle est toute à votre avantage. Les conditions en sont bonnes et honorables pour vous : elles vous donneront le relief de la justice, et des droits incontestés ; elles vous exempteront des tourments et des périls sans cesse renaissants inhérents à l'usurpation continue. Si vous voulez fermer l'abîme encore béant des révolutions, vous êtes tenus de donner l'exemple de l'équité. Tout ce qu'il y a d'honnête, éclairé et vraiment patriote parmi ceux qui vous ont servis, vous conseille ce grand acte, et travaille en ce moment à opérer une réconciliation générale entre les gens de bien de tous les partis. Cela leur fait un honneur infini; on leur applaudit partout, parce que chacun sent que là est le seul salut de tout le monde. Vous ne pouvez plus reculer. Vous n'avez plus de parti. Il ne vous reste que quelques brouillons opposants, révolutionnaires par nature et par conséquent peu sûrs pour vous-mêmes. Je suis forcé, par la vérité, de convenir de tout cela et de vous en avertir. Que si, après tout, l'impatience du trône vous saisissait comme vos pères, on vous trouverait bien quelque Louvel pour abréger le chemin. » Voilà ce que pourrait dire un Machiavel, comme quelques uns de ceux qui ont fait 1830 et sont assez insensés pour vouloir encore le refaire. Et tout serait vrai dans ce langage, excepté le dernier membre, qui est exécrable, et que les Princes repousseraient avec horreur, je n'en doute nullement. Grâce à Dieu, à quelques taches près qui tiennent à leur fausse position, rien dans leur vie n'autorise une indigne supposition. Rien n'indique encore en eux les penchants de Philippe-Égalité. Je dirai mieux et sincèrement, moi qui ne suis pas flatteur, ils ont montré en de bonnes occasions de nobles qualités. J'en attendrais beaucoup et pour leur gloire et pour la France, s'ils se plaçaient énergiquement sur un autre terrain que celui où ils ont eu le malheur de naître et d'être élevés. Je veux dire le terrain des principes et de la justice, hors duquel ils ne pouvaient ni ne pourront jamais faire rien de grand. C'est ce qui a manqué jusqu'ici sous leurs pas. Il est, au surplus, de toute justice humaine que les enfants ne soient pas responsables des crimes de leurs aïeux; et quand ils ont l'heur de savoir les réparer, ils en tirent au contraire un honneur immortel, que je leur souhaite de tout mon cœur.

Princes d'Orléans, si mes écrits vont jusqu'à vous,

ce que je vais tâcher de vous faire parvenir, vous m'en voudrez peut-être et vous aurez tort : car tout cela est historique ; car ma conscience m'absout, ainsi que celle de tous les Français patriotes sincères, qui condamnent vos hésitations, parce qu'elles ont toute l'apparence d'un refus contre tous vos devoirs, parce qu'elles attestent encore de funestes arrière-pensées dans un temps décisif où l'on va prononcer de toutes parts le jugement de ce qu'on peut désormais attendre de vous. En tout cas, je me repens si peu de ma censure, que je suis décidé à la poursuivre jusqu'à la satire, tant que je vous verrai dans des voies aussi peu dignes de votre sang que fatales à mon pays. Par contre, vous me verriez chanter vos louanges avec joie, si vous rentriez sincèrement sous l'auguste ombrage de l'antique principe monarchique dont vos pères vous ont éloignés. Par ce courageux retour, vous effaceriez en un moment tous les sujets de répugnance que vous savez bien exister contre vous. Votre ralliement d'abord, votre loyal concours ensuite, contribueraient puissamment à sauver la monarchie, j'ose dire même la patrie, déjà à moitié plongée dans l'abîme. Le moment est solennel, l'urgence est extrême, et jamais il n'y eut d'occasion si belle pour vous légitimer glorieusement. Est-il donc si difficile d'abandonner des torts (j'adoucis le mot) contre une branche aînée qui a comblé de biens vos auteurs, et qui a de son côté la justice et la débonnaireté ? Croyez moi, ne vous rendez pas solidaires de ces torts inexcusables dans l'impartiale postérité. Repoussez les détestables conseils des coupables intrigants, quels qu'ils soient, que l'on voit qui vous trompent. Ces gens-là ne vous seront fidèles que tant qu'ils vous croiront capables de les replacer et maintenir au pouvoir, avec des honneurs et de l'argent. L'usurpation continue ne vous promet que de très-laborieux tourments, du discrédit, des périls, des haines et des mécomptes qu'il faut aussi prévoir et que vous ne soupçonnez peut-être pas assez. Le retour au bercail est le chemin le plus court et le plus sûr. Venez parmi nous (j'entends les honnêtes gens de tous les partis ralliés en un seul, comme le veut le comte de Chambord); venez avec confiance, en amis réconciliés et bienveillants : vous ne trouverez pas chez nous les perfides jeux *du tour de main*, ni les Louvels, ni les Fieschis, ni les Lecomtes, ni rien de favorable à ces abominables attentats. Venez en diligence, le temps et le danger nous pressent. Nous vous revendiquons pour nos Princes; mais, entendons-nous bien, en seconde ligne, s'il vous plaît, et sur le terrain des principes qui vous sont aussi nécessaires qu'à nous. Est-ce que ces principes, dont l'oubli fait notre perte à tous, sont de notre invention? Sont-ils une propriété, une sauvegarde particulière? Sont-ils seulement plus favorables à la fidélité légitimiste qu'aux autres partis raisonnables qui s'en sont plus ou moins égarés? Non, il n'y a que l'absurdité de l'ignorance et des passions révolutionnaires qui ait pu le dire. Non, ils nous sont imposés d'en haut, pour notre salut. Ils sont le vrai palladium de toutes les sociétés régulières. Ils sont réellement de droit divin, en dépit des sots et des méchants qui les ont poursuivis de leurs sarcasmes. Hélas! loin d'en être les bénéficiaires, nous n'en sommes que les gardiens malheureux; car nous n'avons fait que les défendre constamment en versant notre sang par torrents et sacrifiant tous nos biens, quand ils succombaient de toutes parts sous les coups furieux des factions en démence. Encore une fois, venez, Princes, venez! aidez-nous; nous vous mettrons avec bonheur à notre tête, et nous vaincrons ensemble. Après cela, ce sera entre vous et nous à la vie et à la mort. Mais il faut bien vous en avertir en homme libre et entièrement dévoué à son pays, pour peu que votre récalcitrance se prolonge, vous vous perdez, vous perdez la monarchie, et vous risquez beaucoup d'être réprouvés de tous les partis, même du vôtre, qui s'est éclairé sur les causes de nos malheurs, et qui n'est plus ni si puissant, ni si dévoué à votre fatale politique personnelle que vous semblez le croire. Je n'ai plus qu'un mot à ajouter à ce pénible exposé : Princes d'Orléans, souvenez-vous de la trop facile catastrophe de Février! Pour le moment, j'ai dit.

Post-Scriptum. — Au moment de mettre sous presse, je viens de lire un numéro du *Journal* des palinodies, c'est-à-dire *des Débats*. Ces Messieurs, jadis ultra-légitimistes, puis ultra-orléanistes, sont maintenant ultra-antifusionnistes : c'est fort naturel chez eux; mais c'est aussi fort antipatriotique. Comme ils se posent en confidents ou tout au moins en inspirateurs de Claremont, j'ai besoin de leur répliquer catégoriquement, bien que je l'aie déjà fait surabondamment par anticipation dans l'opuscule ci-dessus. Ils avancent, entre autres affirmations faciles à réfuter, trois grands contre-sens qu'il est impossible de leur concéder. En voici le résumé; savoir : 1° Que les princes d'Orléans ne peuvent entrer dans la fusion sans *abdiquer* et sans perdre leur importance; 2° que la révolution de Juillet et ses suites ont été glorieuses; 3° que la fusion, en réussissant, placerait logiquement et nécessairement les orléanistes dans l'humble attitude du repentir, et sous la férule et la censure perpétuelle des *Bayards* de la Légitimité. Sur la première question nous répondrons simplement ceci, et c'est assez : On ne peut abdiquer que les droits que l'on a réellement, et non point ceux que l'on n'a pas évidemment. L'usurpation n'engendre que l'usurpation. C'est toujours le contraire du droit, bien loin de le fonder : tant qu'il existe un successeur incontestable de ce droit, hors de là il n'y a plus que des prétentions fatales à la morale et aux peuples dans les familles princières, iniques dans toutes les conditions. On peut les soutenir à tort et à travers, si l'on n'a ni patriotisme, ni équité, ni le cœur droit, ni une bonne judiciaire ; mais alors on usurpe cyniquement à la barbe d'Israël, je veux dire de toutes les consciences honnêtes. Et, en le faisant, on s'expose au péril des plus justes réactions et à la perte de toute considération personnelle. Et on renonce à l'incomparable avantage de pouvoir imposer l'obéissance aux hommes par l'autorité du droit et de la justice. Ainsi l'usurpation, l'intrusion, la subreption maintenues habilement ou violemment, bien loin de grandir un prince, ne font que l'amoindrir considérablement. Témoin Louis-Philippe lui-même, avec toute l'habileté qu'on lui suppose et que l'on a trop vantée. Il en est un grand exemple : il a eu plus d'amis et de crédit comme prince du sang, que comme roi intrus. Il n'a jamais pu obtenir depuis l'estime et le respect de l'intérieur, ni des grandes cours de l'Europe, qui ont profité de ses embarras, causés par le vice éclatant de son intronisation ; et personne ne l'a plaint, ni dans les difficultés de son règne, ni quand il est tombé si lourdement ; bien qu'il nous ait laissé derrière lui l'anarchie, parce que c'est lui-même qui nous y a conduits par les principes subversifs qu'il a admis pour s'emparer du trône et qui devaient le renverser à son tour. Témoin encore ses enfants, qui auraient infailliblement le même sort s'il leur était possible de se placer dans les mêmes conditions. Les fusionnistes ne leur font appel dans leur exil que parce que le comte de Chambord n'a pas de postérité. C'est là leur plus grande valeur. Point de doute qu'ils en acquerraient dix fois davantage s'ils se légitimaient en répondant à cet appel.

Sur la deuxième question, où Messieurs des *Débats* trouvent-ils donc tant de gloire dans une usurpation qui a été perfidement préparée pendant quinze ans; qui a duré il est vrai dix-huit ans, mais qui a usé presque toutes les capacités et les meilleurs esprits de l'époque dans une fausse situation plus forte qu'eux, dont la plupart sont revenus ou reviennent très-noblement pour aider puissamment au salut de la patrie commune? Dans une situation qui a fait naître logiquement et développer le Socialisme? Sous un prince qui a forcé tous les ressorts du crédit, tout près de se rompre quand il est tombé; qui a doublé le budget des dépenses après avoir promis un gouvernement à meilleur marché, restreint la liberté après en avoir promis davantage; qui n'a fait que des expéditions stériles et ruineuses, et pas une seule conquête utile; qui a été contraint par sa triste position illégitime de se mettre à la traîne de l'impérieuse politique anglaise, qui en a abusé; qui a mécontenté tous les partis, même le sien, et qui en a été abandonné au jour de sa chute, même de Messieurs des *Débats*; qui a inspiré ou tout au moins toléré des multitudes de corruptions hautes et basses; enfin, qui a perdu bourgeoisement sa couronne en quelques heures, beaucoup plus pitoyablement que Galba, Othon et Vitellius, lesquels du moins surent mourir? Quelle si grande gloire y a-t-il donc eu dans ce beau régime qui pour comble nous a amené l'anarchie? N'est-ce pas se moquer des partis que de le vanter comme quelques-uns se plaisent bouffonnement à le faire aujourd'hui, comme effaçant les bienfaits de la Restauration et sa probité.

Sur la troisième question, c'est se charger d'un rôle bien indigne encore que d'employer de tels arguments pour empêcher une réconciliation générale entre les anciens partis qui tendent à se rapprocher, comme on le fait aussi entre les membres de la famille royale. Comment, quand on se pique d'avoir le sens politique et le sens moral, ose-t-on entretenir publiquement les vieilles jalousies surannées et la division, lorsque l'union sincère peut seule nous sauver, lorsque la nécessité en est urgente, lorsque tous les bons éléments de la société l'appellent ardemment de leurs vœux, lorsque les sommités des anciennes opinions opposées y travaillent avec un commencement de succès qui leur fait déjà un honneur infini? Il faut que messieurs des *Débats* et aussi de l'*Ordre* aient gardé une grande étroitesse d'esprit de parti dans la tête, ou un bien aveugle égoïsme dans le cœur, ou bien peu de sincérité, pour nous rabâcher encore des assertions si coupables dans le dangereux état où nous sommes tous.

On s'efforce hypocritement de nous faire peur des Bayards du Légitimisme vainqueur! Mais d'abord il ne s'agit pas du tout de faire vaincre tel ou tel parti. Quel est le sot assez ignorant pour s'imaginer que désormais aucun parti puisse régner ou gouverner seul en France, malgré l'opposition des autres? Croit-on d'ailleurs que le comte de Chambord consentirait à n'être que le roi d'un parti, d'une fraction quelconque d'une nation qu'il porte toute entière dans son cœur? Non, il est un trop grand prince pour cela. En cent occasions il a montré les plus généreux sentiments d'une politique haute et éclairée. Il sait parfaitement les effets et les causes de nos déchirements ; il les étudie jour par jour avec beaucoup plus d'impartialité que nous, qui sommes dans la fièvre des passions et de l'action, tandis que le digne Prince observe avec le calme supérieur du plus noble exil. Certes, si la France, enfin lassée de ses discordes et de ses malheurs, lui rend la succession traditionnelle et vraiment nationale de ses pères, il ne souffrira pas que les restes des anciens partis ou anciennes classes s'entre-vexent ou menacent. Il faudra que ces inepties cessent, et pour sa gloire et pour notre bien commun. J'accorde qu'il pourra subsister encore quelques Ratapoils, quelques Casmajoux fanatiques d'un faux zèle, comme disent les petites feuilles faméliques ; mais dans quel parti n'y en a-t-il pas? Regardez dans le Républicanisme, le Socialisme, l'Orléanisme, le Bonapartisme ; cela y fourmille, quand tout est incertain. Quand tout sera remis à sa place, toute l'engeance sera noyée dans le ridicule en moins d'un an, et ne servira plus qu'à nous divertir.

Les prétendus hommes d'État des *Débats*, de l'*Ordre* et autres feuilles qui nous donnent ces orgueilleuses misères comme un obstacle radical contre la fusion, nous montrent en cela une grande outrecuidance et un bien petit esprit. Si personne ne veut recommencer 1830, il ne s'agit pas non plus de renouveler exactement 1815 ; il ne s'agit pas de régner par et pour un parti, d'avoir des vainqueurs et des vaincus, comme l'Orléanisme s'en est vanté en 1830, et comme Messieurs des *Débats*, de l'*Ordre*, etc., semblent le vouloir encore. Les vrais légitimistes sont les premiers à repousser cette absurde prétention. Mais il s'agit de rallier tous les partis, toutes les opinions plus ou moins égarées, mais honnêtes, sous le drapeau des vrais principes, également nécessaires au salut et à la sécurité de tous; il s'agit de n'en plus faire qu'un tout homogène et de vaincre ensemble l'anarchie: bien entendu que la gloire et les fruits de la victoire seront tout à fait en commun. Nous ne voulons de vaincu que le désordre. Or, cet excellent problème à résoudre, c'est là proprement recréer notre illustre patrie, en pleine décadence. Si les antifusionnistes ont d'autres moyens, et s'il leur reste encore des motifs d'opposition admissibles, qu'ils nous les formulent sans ambages, et nous les apprécierons. Mais, je les en avertis, nous n'admettrons pas leur sempiternel appel aux passions bien caduques d'une rivalité qui n'a plus de cause.

Il n'y a plus d'autre aristocratie que celle de la fortune, du mérite, des talents et du génie, où qu'ils naissent; et celle-ci, tous les rangs y sont également intéressés. Il n'y a que le stupide Socialisme qui prétend aussi l'effacer. Où donc ces Messieurs ont-ils pris qu'il s'agissait d'humilier ou d'être humilié? Personne ne souffrirait aujourd'hui cette platitude insolente, et serait dans son plein droit. Est-il excusable de faire d'une question de salut une question d'amour-propre et d'orgueil, qui n'est pas du tout mise en cause? On a beau le crier à ces Messieurs; ce sont des sourds volontaires, qui ne veulent point entendre. Il s'agit de profiter des torts et des fautes de tous les côtés, pour ne plus retomber dans ces malheureux errements. Il s'agit de fonder un gouvernement stable et assez fort pour nous protéger tous, en l'appuyant sur la justice traditionnelle de la nation et sur tous les bons éléments de la société indistinctement, quelles qu'aient été leurs divergences inévitables dans tant et de si grands bouleversements. Il s'agit enfin d'empêcher que l'autorité légitime, une fois rétablie à l'avantage commun, ne puisse plus être renversée en trois jours, comme nous l'avons vu, par une faction, à la ruine du pays. Voilà la vraie question qui nous presse, et nous ne pouvons en conscience souffrir qu'on la calomnie ou la déplace.

Or, le comte de Chambord, que le gros et le meilleur de la nation appelle depuis longtemps logiquement et sympathiquement Henri V, est assurément la seule condition de cette solution, et la meilleure garantie de tous ses biens. Malheureusement pour la France, ils ne sont encore qu'en herbe. Que les antifusionnistes veuillent bien méditer l'esprit de la lettre solennelle de Venise, en faisant un moment abstraction de leurs préventions envenimées ; ils trouveront dans ce document historique et officiel, et dans tout ce qui émane de cette illustre source, toute l'ampleur de lumières, de sagesse et de hautes et fermes aspirations qu'ils pourraient désirer pour eux-mêmes, s'ils avaient des vues patriotiques et non encroûtées par ce vieux libéralisme orléaniste décrépit dans lequel ils pataugent encore à peu près seuls, et qui n'eut point d'autre base que des jalousies sociales qui ne sont plus qu'un non-sens. Que MM. Bertin, ancien ultra-légitimiste comme son père ; Chambole, ancien boursier *du tyran* Charles X ; Thiers, dont le talent a écrasé les doctrines communistes, et tous leurs coopposants se rassurent : pour peu qu'ils y apportent de franchise et de bonne volonté, ils trouveront encore mieux et beaucoup plus solidement l'emploi de leur capacité sous le sceptre d'Henri V que sous n'importe quelle usurpation révolutionnaire. Du reste, je les prie de ne voir dans tout cet exposé aucun esprit de récrimination ; j'en suis trop ennemi : mais ces Messieurs y provoquent si souvent, et avec si peu de sincérité dans leur manière d'écrire à leur avantage l'histoire des faits et de la politique de notre temps, qu'il n'est pas possible de l'admettre par son silence, et que l'on est bien forcé de la rectifier au moins quelquefois ; le tout sans haine ni rancune pour les personnes. Loin de là, s'ils daignaient rentrer au giron de la justice et de la vérité, je ne serais pas le dernier à leur tendre la main cordialement. Nous ne leur demandons pas de venir en humiliés, ils en sont à l'abri ; car personne ne songe à leur imposer cette attitude, et ils seraient parfaitement en droit de s'en défendre : car nous reconnaissons que nous avons tous péché plus ou moins ; et s'il restait quelques personnes trop mémoratives du passé, ce ne seraient plus que des cas isolés sans importance, qu'il faudrait encore pardonner sans s'y arrêter un seul instant ; car ils pourraient n'être que trop excusables par de longs sacrifices subis dans nos dissensions. Nous ne leur demandons pas de venir comme *repentants* ou *repentis*, puisque la chose ou le mot effarouche tant leur orgueil. Nous leur ferons observer seulement qu'un grand nombre de leurs anciens consorts reviennent chaque jour à nos principes, on ne saurait plus noblement, avec ce sentiment et une spontanéité qui en doublent le mérite. Mais nous leur demandons de rentrer avec nous au bercail, pour aider au berger à les défendre eux-mêmes de la gueule des loups dévorants dont ils ont justement peur, et qui en effet ne les menacent pas les moins; ou, s'ils aiment mieux, et s'ils sont accessibles à une plus touchante figure, nous les conjurons de venir se jeter avec nous dans les bras du père de famille, qui les appelle et les recevra avec une joie et un bonheur inexprimables, et qui tuera le veau gras également pour tous, tout ainsi que dans la charmante parabole de l'Enfant prodigue. Serait-ce donc trop préjuger de la raison, de l'âme et du cœur de ces Messieurs?

Je termine ici ce chapitre. J'en ai dans la tête un autre fort important aussi; mais il n'est pas encore assez mûr pour le libeller : je veux dire la question *Césarienne*, vulgairement dite Bonapartiste. Je ne veux pas contribuer à affaiblir le pouvoir légal, du moins dans les limites temporaires qui lui sont prescrites; car autrement je n'en saurais vouloir. Dans ces limites il a déjà assez d'embarras et de difficultés. J'entends formuler de tous les côtés avec une véhémence extrême une vive opposition aux projets personnels supposés à M. le Président; et j'y vois de si terribles conséquences évidentes, que je ne les crois pas sérieux. Il n'y a pas la moindre chance d'un succès durable seulement pendant un mois, un jour peut-être; et cette entreprise nous jetterait à l'instant dans une lutte et une confusion épouvantables, cela n'est point douteux. M. le Président sent probablement aujourd'hui lui-même la grande inanité et la qualité des manifestations partielles et plus ou moins payées ou excitées dont il a joui dans ses tournées provinciales, à Satori, aux Champs-Élysées ou à sa porte.

Louis XVI, ses assassins, Napoléon, Louis XVIII, Charles X et Louis-Philippe en ont entendu de pareilles, et bien autrement nombreuses et bruyantes, et ils ont tous été renversés par les mêmes instruments. Rien n'est moins constant ni moins assurant pour l'avenir que de telles démonstrations. Pour moi, je n'en suis pas venu à desespérer du bon sens et du patriotisme de M. le Président. Ah! quel rôle magnifique et plus certain pour lui et son entourage il pourrait encore remplir en rejetant sagement les suggestions des casse-cou et des Ratapoils! J'ai osé le lui indiquer dans mes précédentes publications; inutile de le reproduire ici.

ERRATUM.

Page 67 : L'*intelligence* des nécessités, etc. ; lisez : L'*inintelligence*, etc.

Nantes, Imprimerie Guéraud, rue Basse-du-Château, 6.

www.ingramcontent.com/pod-product-compliance
Ingram Content Group UK Ltd.
Pitfield, Milton Keynes, MK11 3LW, UK
UKHW021054200726
13857UKWH00003B/921

9 782013 187589